Jeremias Gotthelf, Johann Joseph Ammann, H Stickelberger

Zum hundertsten Geburtstag Jeremias Gotthelfs

Jeremias Gotthelf, Johann Joseph Ammann, H Stickelberger

Zum hundertsten Geburtstag Jeremias Gotthelfs

ISBN/EAN: 9783744627399

Hergestellt in Europa, USA, Kanada, Australien, Japan

Cover: Foto ©ninafisch / pixelio.de

Weitere Bücher finden Sie auf **www.hansebooks.com**

Von den Mitteilungen der Gesellschaft für deutsche Sprache ist bis jetzt erschienen:

Heft I. enthaltend:

1. **Schulthess,** Dr. med. **H.,** Die körperlichen Bedingungen des Sprechens.
2. **Haggenmacher,** Prof. **O.,** Wahrnehmungen am Sprachgebrauch der jüngsten litterarischen Richtungen.
Preis Fr. 1.20, für Mitglieder der Gesellschaft Fr. —.60.

Von den „Abhandlungen" ist soeben erschienen:

Heft I. enthaltend:

Ehrenfeld. Dr. **A.,** Studien zur Theorie des Reims.

Mitteilungen der Gesellschaft für deutsche Sprache in Zürich.

Heft II.

Zum hundertsten Geburtstag

Jeremias Gotthelfs.

Mit dem Bildnis Gotthelfs.

ZÜRICH.

E. Speidel,

Akadem. Verlagsbuchhandlung.

1897.

Zur Erinnerung an Jeremias Gotthelf.

Wer von Burgdorf aus auf den Flügeln des Dampfes hinauf-
fährt ins grüne Emmenthal, der versäume nicht, auf der dritten
Station hinüberzublicken über die Emme nach dem freundlich ge-
legenen, nahen Lützelflüh mit seinem neuen, schönen Kirchturm
und den behäbigen Häusern, die um denselben sich malerisch
gruppiren. Er senke den Blick dann vom hohen Turm zur
Landstrasse hinab, die dort sich hinzieht nach dem gewerblichen
Sumiswald. Von oberhalb der Strasse schimmert dir etwas ins
Auge, das sich bei schärferer Beobachtung als ein Denkmal zu erkennen gibt. Richtig, es ist das Zeichen der Verehrung und
Dankbarkeit, das dem berühmten Pfarrer von Lützelflüh gewidmet
worden. Steige aus, überschreite die Emme auf der uralten
hölzernen Brücke, die von ihren Schwestern am längsten dem
wilden Ansturm des manchmal tobsüchtigen „Eggiwylfuhrmann"
Stand gehalten hat, und sieh dir die Sache genauer an. Von der
Landstrasse führt eine schöne Steintreppe empor zum Denkmal.
Es ist ein hoher, roher Steinblock, in dessen oberen Hälfte das
gutgetroffene, bronzene Medaillon Gotthelfs (von Bildhauer Lanz)
eingelassen ist. Darunter in grosser Antiqua die Inschrift:

Jeremias Gotthelf 1797—1854
in Dankbarkeit gewidmet.

Am 22. September 1889, 35 Jahre nach seinem Tod, fand
die Einweihung statt, unter grosser Beteiligung von gelehrten
und ungelehrten Leuten. Namens des Komites übergab Pfarrer
Bähler von Oberburg der Gemeinde Lützelflüh das Denkmal. „Es
ist keinem Helden gewidmet, der auf dem Schlachtfeld fiel, keinem
Staatsmann von berühmtem Namen, nur einem schlichten Landpfarrer, der 24 Jahre zu Lützelflüh wirkte und, während er in
Treuen seines Amtes waltete, als Volksschriftsteller sich Ruhm
erwarb weit über die Grenzen unseres Landes, und dessen Schriften

immer weiter sich verbreiten, dessen Ruhm immer noch grösser werden wird. Heute, 92 Jahre nach seiner Geburt im Pfarrhause zu Murten, wird ihm das Denkmal errichtet an der Stelle, wo alles Volk vorbeizieht, wo man Aufschau hält zu den weissen Firnen, die er so sehr liebte, wo man hinüberblickt zu den Höfen und Hütten, hinunter zur wilden Emme, in der Nähe von Pfarrhaus, Schule und Kirche, wo er überall gewirkt, wo er überall bekannt war und alle kannte, dieser Schriftsteller von Gottes Gnaden, dem wie keinem andern gegeben war, des Volkes Gemüt zu durchschauen. Und was er schaute im Verkehr mit dem Volke, das wusste er mit ergreifender Naturwahrheit wiederzugeben. Aus dem Felsblock spricht er zu jedem von uns: „Liebe dein Volk, arbeite mit der Kraft, die dir verliehen ist — an des Volkes Wohl, kämpfe mit Mannesmut gegen die Schäden, die an der Volkswohlfahrt nagen, erhebe es zur Höhe wahrer christlicher Frömmigkeit und edler Gesinnung". — Namens der Gemeinde und der Gemeindebehörde von Lützelflüh nahm Pfarrer Lauterburg das Denkmal in Empfang. „Die Gemeinde wird diesen Stein in Ehren halten. An der Landstrasse errichtet, wird das Denkmal ein bleibendes Zeugnis ablegen von der Liebe und Verehrung, die dem Gefeierten gezollt wird; den Stein wird täglich alles Volk sehen, der Bauer, mit dem er verkehrt, die Schulkinder, die er liebte, die Armen, für die er sorgte. Alle aber wird das Denkmal unaufhörlich mahnen, im Sinne und Geist J. Gotthelfs zu leben und zu wirken."

Als einen Wallfahrtsort bezeichnete damals Verfasser dieser Erinnerungen Lützelflüh, wohin man schon zu Gotthelfs Lebzeiten so oft ins gastliche Pfarrhaus gepilgert sei, wohin heute und in Zukunft noch so viele ziehen werden, und von wo keiner ohne Segen heimkehrt, der hier den Denkstein betrachtet und alles, was er ihm sagen will, und der die Schriften Gotthelfs fleissig liest.

Die Wallfahrt vom 22. Septbr. 1889 erneuert sich in diesen Tagen: denn wir erinnern uns, dass seit der Geburt des Volksschriftstellers gerade 100 Jahre verflossen sind. Freilich hängt sein Name und seines Namens Ruhm nicht von dem Gedächtnis ab, das wir ihm stiften. Er hat sich selbst ein Denkmal gesetzt, das mehr bedeutet, als Stein und Erz und als das Jubiläumswort nach Ablauf eines Säculums. Aber wenn wir diesen Anlass benutzen zur Auffrischung seines Namens, so tun wir es ja nicht nur, um ihm Ehre zu geben, sondern um eine heilige Pflicht zu erfüllen, und uns selber. unserm ganzen Volke, einen Dienst zu erweisen. In diesem Sinn möge auch die hier folgende Wallfahrt nach Lützelflüh betrachtet werden. Der Leser möge mit mir einen Blick werfen in das dortige Pfarrhaus, die Werkstätte eines reichen Geistes, die Heimstätte eines tüchtigen Pfarrers, eines edeln Familienhauptes und eines braven Bürgers.

Bei Bitzius gilt das Wort: Gut Ding will Weile haben. Bis er eine feste Amtsstellung hatte und einen Hausstand gründen konnte, lief viel Wasser die Emme hinab. Vom theologischen Examen und der Aufnahme ins bernische Ministerium bis zur Wahl als Pfarrer von Lützelflüh verstrichen zwölf volle Jahre. Anno 1820 ward er konsekrirt und 1832 zum Pfarrer ernannt. Als er im folgenden Jahr zu Wynigen Hochzeit machte. stand er bereits im 36. Lebensjahre. Ein ernstes Verhältnis mit der Grosstochter seines Vorfahrs war erst angeknüpft worden, als die Schwalbe ihr Nest gefunden hatte bei den Lützelflüher-Altären des Herrn Zebaoth. Oft schon hat sich mir Gelegenheit geboten und aufgedrängt, junge Leute, die sich nach selbständigen Lebensstellungen sehnten, zu geduldigem Warten nach dem berühmten Muster zu ermahnen.

Wie Bitzius seine Lehr- und Wanderjahre zugebracht, sei hier nur kurz berichtet. Unterbrochen wurde der lange Vikariatsdienst — erst in Utzenstorf. dann in Herzogenbuchsee und Bern, endlich in Lützelflüh — nach damals üblicher Weise durch den Aufenthalt auf einer deutschen Universität und eine damit verbundene grössere Reise. Mit dem Vikar müssen die Utzenstörfer zufrieden gewesen sein, sonst hätten sie ihm nicht zum Abschied eine goldene Repetiruhr geschenkt. In Herzogenbuchsee war er neben seinen Amtsgeschäften, die er mit grossem Fleiss besorgte, auch ein eifriger Jägersmann, was die Anschauung der Zeit mit dem geistlichen Amt nicht unverträglich fand. Genossen des edeln Waidwerks pilgerten später Jahr um Jahr mit einem Häslein in der Tasche nach Lützelflüh, um mit dem alten Jagdfreund eine fröhliche Repetition im Jägerlatein anzustellen. In Bern schloss sich der Vikar an der heil. Geistgemeinde begeistert denen an. die auf eine politische Umgestaltung hinarbeiteten und am Erwachen des Volkes ihre Freude hatten. Bei alledem ist sicher, dass er Land und

Leute, wo er hinkam, genau studirt und im Buch der Natur und
des Menschenlebens wohl mehr und aufmerksamer gelesen hat,
als in den theologischen Werken. Als er in einem Alter, wo andere
bereits ihr bestes geleistet haben, anfing zu schreiben, hatte sich
in seinem Geist ein erstaunlich reiches Material gesammelt. Bitzius
besass eine merkwürdige Beobachtungsgabe, und zwar für die
Innenwelt wie für die Aussenwelt. Das Kleinste und das Grösste
beachtete er, „wie den Seraph, so die Blüte, wie den Stern, so
auch das Moos." Keine Erscheinung der Natur, keine Verrichtung
des Menschen entging seinem scharfen Auge. Und das Wunder-
bare ist, dass auch die Seelen der Menschen und alle seelischen
Vorgänge vor ihm lagen, wie ein offenes Buch. Wo andere nur
die Oberfläche sahen, drang er mit seinem Blick in die ver-
borgensten Falten des menschlichen Herzens hinein. In seltenem
Masse war es ihm gegeben, mit den Leuten umzugehen und ihre
Gedanken zu lesen; auch verstand er es wie keiner, die Prit-
schen aufzuziehen, damit die Wasser der Herzensergüsse reichlich fliessen. Mit jedem Kind und jedem Mütterlein wusste er
sich abzugeben, redete ihre Sprache, verstand ihre Sprache. Das
war nicht Berechnung, sondern wirkliches herzliches Interesse auch
an kleinen und von der Welt unbeachteten Leuten. Wo andere in
ihrer hohen Meinung von der eigenen Bildung wenig finden und
wähnen, es gehe so in einem armen Kinde, einem schlichten
Mannli und geringen Fraueli nichts vor, was der Beachtung des
Gebildeten wert wäre, da sah J. Gotthelf als ein rechtes Sonntags-
kind verborgene Schätze des Geistes und Gemüts in den Tiefen
der Seele glänzen und flimmern. Er kannte die Schwächen der
Menschen und ihre Tugenden und war Pessimist und Optimist zugleich. Den Pessimismus milderte er durch den Humor, mit dem
er die Schwächen tadelte und geisselte; den Optimismus schützte
er vor Schwärmerei durch den gesunden, klaren Blick auf die
reale Welt.

Nicht davon zu reden, welche Verwendung diese Gabe der
Beobachtung nachmals bei seiner Schriftstellerarbeit gefunden hat,
sei hier bloss darauf hingewiesen, was für Dienste die reiche
Sach- und Menschenkenntnis schon dem jungen Geistlichen in
seinem Amt geleistet hat. Im übrigen war B. ein flotter Vikar,
umgänglich und gesellig, wohl auch mitunter noch ein wenig

übermütig und burschikos. Mit einigen hervorragenden Männern in Herzogenbuchsee schloss er dauernde Freundschaft, so mit dem „Fluhachersepp", dem spätern Amtsrichter und Grossrat Burkhalter in Niederönz. Die Briefe, die er diesem geweckten und für seine Zeit gebildeten Kopf gewidmet hat, verraten, obwohl grösstenteils in der Eile geschrieben, doch den Meister. Ernst und Scherz, tiefe Gedanken und sprudelnder Humor mit drastischen Wendungen wechseln anziehend miteinander ab. Als Burkhalter im Jahre 1840 Grossrat geworden war, gratulierte ihm B. und schrieb u. a.: „Ich begreife, dass der Verlust Ihrer Ruhe Ihnen weh tun muss; indessen glauben Sie mir, dieser Verlust wird immer mehr nur in Ihrer Phantasie empfunden werden, und das öffentliche Leben wird auch seine Reize für Sie haben. Sie wissen, es sass niemand ungerner als ich, und Federn waren mir ordentlich ekelhaft, und jetzt ist mir das Schreiben fast Bedürfnis geworden. Freilich ist da ein Unterschied; was ich mache, mache ich selbständig, ungehemmt für mich, nicht tromsigs Köpfe, nicht hohle Windbeutelei, nicht übertünchter Eigennutz legen sich in den Weg. Aber ein gewonnenes inneres Leben will äussere Gestaltung, ein erworbenes Kapital will vernünftige Anlegung; daher ist's so notwendig, dass Ihre erworbenen Schätze in Anspruch genommen werden, dass sie für das Leben Zins tragen sollen. Die Augen bösen Ihnen, lesen sollen Sie also nicht viel mehr. Ihre Individualität ist aber sattsam ausgeprägt und bildet sich von innen aus ohne besondere äussere Nahrung. Ihre Hofstatt ist bschüttet, Ihre Aecker gemästet, was wollen Sie mit Ihrer rüstigen Kraft? Totschlagen ist nicht mehr Sitte, und was soviel Leben in sich trägt, will Gott nicht vermodern lassen. Darum wurden Sie zum tätigen, äusseren Leben berufen, sollen Ihre Gespräche nicht nur der Familie, sondern auch der Gemeinde, dem Staat einzuprägen suchen. Es ist wirklich ein schönes Zeugnis für den Amtsbezirk, dass er Sie gewählt, Sie, der kein Agent sind und kein Ross im Stall hat, so gleichsam nur es chlis Bürli, nit viel meh als ein Tauner. Ich glaube nicht, dass es im Emmenthal soweit gekommen wäre, wenigstens hätten Sie Gemeindschreiber sein müssen, und zwar von einer bedeutenden Gemeinde, nicht nur so von einem kleinen Weseli wie Niederönz."

Als Prediger teilte Bitzius das Schicksal seines Sohnes; keiner von ihnen war bei Lebzeiten ein berühmter Kanzelredner, der

„Zulauf" hatte, weder der Vater in Lützelflüh, noch der Sohn
in Twann. Keinem fehlte der Gehalt, der geistige Reichtum. der
Schwung, aber jedem die oratorisch wirksame Diktion. Und nun
erleben wir bei beiden das Phänomen. dass ihre geschriebenen
und gedruckten Predigten viel mehr Einfluss ausüben als die ge-
sprochenen je gewonnen haben. Welchen ausgedehnten Leserkreis
der jüngere B. gefunden hat, ist bekannt; beim ältern aber wurden
seine herrlichen Schriften zu Predigten von unvergänglichem Wert.
Was von eigentlichen Predigten eingestreut ist, wird schriftstelle-
risch nicht unanfechtbar sein, weil es den Faden der Handlung
oft allzulang unterbricht: für sich betrachtet, weisen aber solche
Partien einen erstaunlichen Reichtum von Gedanken auf. namentlich in religiöser Psychologie, und sie packen auch durch ihre
sprachliche Kraft und durch die Wärme der Empfindung. Ich
wohnte am 25. Oktober 1854 der Beerdigung des Pfarrers von
Lützelflüh bei. Von der im übrigen gediegenen Parentation seines
Freundes, des Dekan Farschon in Wynigen. hat mich am meisten
ergriffen und am tiefsten berührt ein Stück, das der Parentator
einflocht aus einer religiösen Betrachtung des Verstorbenen. die
wenige Jahre vorher erschienen war. Beide. der ältere und der
jüngere Bitzius. gehörten zu den Leuten. die schreiben, aber nicht
reden können. Ich wüsste weder vom Vater noch vom Sohn einen
Anlass, bei dem einer oder der andere eine durchschlagende Rede
gehalten hätte. Dafür reden beide jetzt. obwohl sie gestorben
sind, und auf beide passt Wesleys keckes Wort: Die Welt ist
meine Pfarrei!

Fragt man: wie stand es mit dem religiösen Glauben und
Leben unseres J. Gotthelf? so hat er wohl sich selber gezeichnet
in dem alten Pfarrer bei Anna Bäbi Jowäger: „Der Pfarrer war
ein gutmütiger, heiterer Mann, um Glaubensformen zankte er nicht:
aber in Glaubenswerken eiferte er mit jedem um die Wette: wie
fromm er war, wusste Gott: die Menschen hätten es ihm nicht
angesehen." Seine Theologie war eine theozentrische. nicht eine
christozentrische; die Hauptfrage war für ihn nicht: Was dünket
euch um Christo? sondern: was dünket euch um Gott, und um das
Halten seiner Gebote? Zum Pietisten hatte B. keine Ader und
gar kein Zeug: aber sein supranationaler Rationalismus war dabei
kein trockener und lederner Verstandesglaube. sondern gleichsam

tief in eine mystisch-poetische Farbe eingetaucht. So sehr er aufs
praktische Christentum, auf Bewährung des Glaubens in einem
sittlichen Leben hinzielte und es stets darauf abzweckte, so waren
seine Predigten dennoch lange nicht Moralpredigten, sondern schöne
lebendige Gemälde des religiösen Seelenlebens und einer christ-
lichen Lebensordnung. Ist im praktischen Verhalten B's. Frömmigkeit sehr verwandt der Religion seiner währschaften Bauersame,
so geht sie doch in der geistigen Auffassung weit über dieselbe
hinaus und wird verklärt vom Glanz eines tiefen, religiösen Gemüts
und einer leuchtenden Phantasie.

Bisweilen führte B. auf der Kanzel eine scharfe Klinge. Vor
mir liegen zwei gedruckte Bettagspredigten, eine aus dem Jahre
1840 „an die Gottlosen im eidgenössischen Volk" über Jesaj. 9, 18
bis 21, die andere aus dem Jahre 1839. Letztere ist, wie der
Titel besagt „eine Bettagspredigt für die eidgen. Regenten, welche
weder in den Kirchen noch in den Herzen den eidgen. Bettag mit den
eidgen. Christen feiern". Der Text heisst: „Liebe Kindlein hütet euch
vor den Götzen" Joh. 5, 12. Die Predigt redet die fingirten Zu-
hörer mit den Worten an: „Arme Kindlein!" und sagt u. a.:
„Kindlein seid ihr an Erfahrung und Weisheit trotz euerm üppigen
Wesen; die Vergangenheit begreifet ihr nicht, die Gegenwart
würdigt ihr nicht, an die Zukunft denkt ihr nicht." Mit noch
viel schärfern und drastischern Wendungen hat J. Gotthelf „den
vom Glauben abgefallenen Regenten, die ihr in den verschiedenen
Gauen des Schweizerlandes wohnt", weiter den Bettagstext gelesen.
Zum Glück war keiner dieser Regenten am Bettag 1839 in der
Kirche zu Lützelflüh anwesend. Und als weise Vorsicht kann es
bezeichnet werden, dass die gesalzene und gepfefferte Predigt
erstens anonym und zweitens weit vom Schauplatz der Tat bei
Ch. Beyel, Frauenfeld und Zürich, gedruckt erschien. Sonst wäre
eine Klage auf „Kreditschädigung" kaum ausgeblieben.

Bitzius hatte in seiner Auffassung des Pfarramtes einen ent-
schiedenen Zug zum Gemeinnützigen und Praktischen, weniger zu
spezifisch geistlichen Unternehmungen. Deshalb machte er sich
viel zu schaffen einerseits mit der Armenerziehung, anderseits mit
der Schule. Der Pestalozzische Geist hatte es ihm angetan, und
die Dreissiger Jahre begünstigten diese Richtung. Er wurde der
eigentliche Begründer und Vater der Armenerziehungsanstalt

Trachselwald, und „mini Buebe“, wie er die Pfleglinge nannte,
lagen ihm hart am Herzen um Gotteswillen. B. schrieb nicht nur
über solche Dinge, sondern er nahm sich derselben tätig und hin-
gebend an, auch darin dem Vorbild Pestalozzis und nicht Rousseaus
folgend. Den gemeinnützigen Männern des untern Emmenthals von
damals blieb es zeitlebens eine schöne Erinnerung, dass sie für das
Gedeihen der genannten Anstalt mit J. Gotthelf zusammen arbeiten
konnten. „Sie war“. sagte Farschon in der Leichenrede „stets gleichsam sein Schosskind; keine Mühe, keine Kosten scheute er für sie.
Wolltet ihr, seine treuen Mitarbeiter an diesem Werk des Heils.
anstehen, diese Behauptung zu unterschreiben? Ach, gehen euch
nicht die Augen über, wenn ihr der so traulichen Stunden gedenket,
wo er aus Anlass von Beratungen oder Prüfungen noch in eurer
Mitte sass und anmutige Worte des Scherzes oder des Ernstes
für euch hatte?“

Nicht minder kümmerte sich der Pfarrer von Lützelflüh um
die Schule. Auch da begnügte er sich nicht mit Schreiben über
„Schulmeisters Leiden und Freuden“, sondern er griff es an mit
speziellem Interesse für den einzelnen Lehrer und für die einzelne
Schule. Gern zog er junge, begabte Leute zum Schuldienst heran.
und schwerlich wird eine Schule von Seite eines Pfarrers fleissiger
besucht worden sein, als dies der Fall war mit der Schule von
Oberönz, während der junge Staub, der nachmalige Inspektor, den
Bitzius als Vikar von Herzogenbuchsee ans Licht gezogen hatte.
die Erstlinge opferte auf dem Altar der Jugendbildung. Als
Pfarrer von Lützelflüh beteiligte er sich mit Vorträgen an einem
Lehrerbildungskurs in Burgdorf. „Dorthin wanderte er“, sagt sein
Parentator, „an manchem heissen Sommertag, um die Schullehrer
mit der Schweizergeschichte vertraut zu machen. Welche aus-
gebreitete und tiefe Kenntnis des Volkes und seiner Bedürfnisse
auch in dieser Beziehung bei ihm vorhanden sei. war keineswegs
verborgen. Daher ihn anfangs unserer Regeneration die grosse und
die kleine Schulkommission in ihrer Mitte zählte; daher er auch
mehrere Jahre als Schulkommissär fungirte und fast in jeder Gemeinde seines Kreises neue Schulhäuser bauen half, aber auch nicht
wenig mit Plackerei von oben und Anmasslichkeit von unten zu
kämpfen hatte.“ Die Begeisterung, die damals, in der Zeit der
ersten Liebe für die Regeneration des Volkes, viele edle Geister

ergriffen hatte. erfüllte auch J. Gotthelf und liess ihn warm und
rückhaltlos teilnehmen an allem, was auch das Schulwesen regene-
riren konnte. Heute hat Pharao vergessen, was Joseph in jenem
Wendepunkt der vaterländischen Geschichte für die Schule getan.
Die emanzipirte Tochter weiss bald nichts mehr davon, wie sauer
sich's die Mutter um ihre Erziehung und Heranbildung hat werden
lassen.

Als man dann in den 40er Jahren Schule und Lehrerschaft
und Lehrerbildung in den Dienst einer politischen Partei zu stellen
suchte, da liess Bitzius seiner Antipathie gegen eine radikale
Strömung in der Lehrerschaft freien Lauf. Aber die Schule selbst
ist ihm stets lieb geblieben, nur dass er sich allmälig von der
direkten Arbeit an derselben zurückzog, wozu der Umstand bei-
getragen haben mag, dass ihm eines Tages unvermutet von der
Regierung die Mitteilung zuging, er sei als Schulkommissär ent-
lassen. Das war aus politischen Gründen geschehen. Denn gegen
Ende der 40er Jahre war der Kampf entbrannt gegen das radikale
Regiment, und Bitzius war — obwohl auf konservativer Seite
stehend, doch ganz mit Unrecht — in den Verdacht gekommen,
er bediene fleissig das Oppositionsblatt, den „Oberländer-Anzeiger“.
Die Vermutung war nicht nur aus der Offenkunde entstanden,
dass er mit den Gegnern der Regierung einig gehe, sondern noch
mehr daher, dass der Redaktor jenes Blattes in Stil- und Ausdrucksweise auffallende Ähnlichkeit verriet mit der Sprache des
Pfarrers von Lützelflüh. Aus jener Zeit stammte denn auch das
berühmt und berüchtigt gewordene Brieflein an seinen alten Freund.
Pfarrer Bähler in Neueneck: „Ich Kamel an dich Kamel.
Sag' nicht, lüg' nicht: aber sage ihnen, Stämpfli wolle uns katho-
lisch machen und die Seelen der Leute durch die Schulmeister ver-
wursten lassen.“ Ein geflügeltes Wort, das dann Stämpfli an der
Spitze seiner „Bernerzeitung“ überreichlich gegen das konservative
Regiment von anno 50 verwertete, während das Brieflein doch im
Grunde nichts als ein harmloser, burschikoser Scherz gewesen war.
Im übrigen bleibe es bei dem, womit der Artikel über Jeremias
Gotthelf in Hunzikers Geschichte der schweizerischen Volks-
schule schliesst: „Wenn seit den Tagen, wo die Leiden und
Freuden eines Schulmeisters geschrieben worden sind, ganz enorme
Fortschritte gemacht wurden in der Hebung der Schule und

des Lehrerstandes, so verdient J. Gotthelf den Ruhm, an seinem Teil
den Anstoss dazu gegeben und seine mutige Stimme erhoben zu
haben zu einer Zeit, wo es noch wenig Gunst eintrug, Fürsprecher
der Schule und des Lehrers zu sein. Billig darf man sich freuen,
dass ein heller Tag über der Schule aufgegangen ist: J. Gotthelf
aber gehört zu den Propheten, die, wenn es noch dunkel ist,
bereits auf der Warte stehen und nach dem Licht verlangend
fragen: „Hüter, ist die Nacht bald hin?"

Im Verkehr mit den Gemeindegenossen war Bitzius ein
Muster pastoraler Klugheit. Er war ein leutseliger und wohlmeinen-
der Herr, der sich auf alle Bedürfnisse und Sorgen der Leute gut
verstand und mit seiner eminenten Lebensweisheit praktischen Rat
erteilen konnte. Auch darin ist er selber der alte Pfarrer, den
er sagen lässt: „Niemand als Gott hat eine so grosse Audienz-
stube, als so ein alter Pfarrer; wo er geht und steht, wird er an-
gesprochen, muss Rede stehen, und er tut es gern, so pressirt
er auch ist; er weiss ja nie, ob das Wort, das er sagen könnte,
ihm später zu sagen vergönnt ist." Auch mit der Tat stand er
der Not stets zur Seite, und seine Richtschnur schien das Goethe-
sche Wort zu sein: „Edel sei der Mensch, hilfreich und gut."
„Und ihr Armen der Gemeinde" — heisst es in der Leichenrede
— „vornehmlich ihr würdigen, verschämten Armen, ihr könntet
es sagen, welche Fülle von Wohltaten seit einer Reihe von Jahren
aus diesem Segenshaus da oben auf euch geflossen ist — ob ihr
je unerhört weggehen musstet. O seit langem ist dieses Zeugnis
an den Kirchenvisitationen wiederholt worden, und fürwahr, wenn
irgendwo, so gilt hier das Wort des Herrn: An ihren Früchten
sollt ihr sie erkennen." In allen Dingen hatte die Gemeinde an
ihrem Pfarrer eine Stütze. „In jeder Angelegenheit", sagt der
Parentator, „war er gern mit Rat und Tat bei der Hand, wo man
ihn suchte. Fiel doch erst vor wenigen Tagen von einem ange-
sehenen hiesigen Manne die Äusserung: Ja, man könne es dann
einmal sehen, ob je ein anderer Pfarrer der Gemeinde durch Einfluss und Vermögen so gewichtige Dienste erweisen könne und werde."

Etwas von der Verehrung, welche die Leser seiner Schriften
ihm entgegenbrachten, trug sich auch auf das Verhältnis der Gemeinde zu ihrem Prediger und Seelsorger über. Später bewirkten
allerdings die seltsamen Schriften und namentlich die Redaktion des

Neuen Berner-Kalenders, dass manche Leute Scheu empfanden, wenn
Bitzius bei ihnen ankehrte: denn sie befürchteten, dass sie irgendwo
gedruckt erscheinen könnten. Mir selbst hat eine, im übrigen
sehr tüchtige und angesehene Bäuerin, die ihr Haus wohl sehen
lassen durfte, es einmal erklärt, sie sehe es nicht gern, wenn der
Pfarrer von Lützelflüh herüber komme nach Goldbach. Nichts ent-
gehe seinem scharfen Auge, und auf alles achte er, und man müsse
immer mit Schrecken denken, dass man bald in einem Buch oder
gar im Kalender sich wieder finden werde. Mit den angesehensten
Bürgern von Lützelflüh stand der Pfarrer auf besonders gutem
Fuss. Regelmässig an Sonntagabenden fand er sich mit einigen
von ihnen im Hinterstübchen des Wirtshauses bei einem Schöpp-
lein zusammen, und da diese Freunde ganz aussergewöhnlich ge-
scheute und witzige Leute waren, so ging Bitzius nie heim, ohne
für weitere Arbeit angeregt und bereichert worden zu sein. Aber
nicht nur dort im Hinterstübchen, sondern auf Weg und Steg,
namentlich auch in den Pfarrhäusern ringsumher sammelte er mit
Bienenfleiss Honig für neue Schriften, und vermutlich kehrte er
nie reichlicher beladen heim, als wenn er im Hause seines alten
Freundes zu Wynigen und dessen redseliger Frau Pfarrer zu Gast
gewesen war. Viel Lustiges und Ernstes wird auch hin und her
geflogen sein an den Nachmittagen, wo Bitzius mit seinen Intimis,
dem Pfarrer Rytz von Utzenstorf und dem schon genannten Dekan
Farschon in Wynigen, seine regelmässigen Zusammenkünfte im Stadt-
haus zu Burgdorf hielt. Von drei Seiten fuhren jeweilen an diesen
fröhlichen Tagen die drei Freunde heran, jeder in einem Chaischen
oder im Char-à-banc, „dienlich für einen Landpfarrer". Nur ein
riesiges Gedächtnis ermöglichte übrigens unserm Dichter-Pfarrer,
über das reiche Material, das ihm der Verkehr mit allerlei Volk
eintrug, mit souveräner Freiheit zu verfügen. „So zwei Jahre",
sagte er selbst einmal zu mir, „behalte ich alles, was ich während
dieser Zeit gesehen, gehört oder gelesen habe."

Ein Heim aber hatte unser Pfarrer, wie man es schöner sich
nicht wünschen kann. Wenn uns Albert Bitzius, nachdem er sich
einmal als J. Gotthelf entpuppt hatte, das Familienleben mit so
lieblichen Farben schildert, so spricht er nicht wie einer, der das
Familienglück entbehrt, und der es darum mit den Farben der
Phantasie und des Verlangens schmückt, sondern er taucht seinen

Pinsel in die helle, schöne Wirklichkeit, er bietet und empfiehlt
uns, was er selber hat. Und wenn er über Bedeutung und Wert
wackerer Hausfrauen und treuer Mütter so oft und so nach-
drücklich sich vernehmen lässt, so hat er innerhalb seiner vier
Wände an der sinnigen und trefflichen Gattin selber erfahren,
was es sei um das Walten einer guten Mutter und Hauswirtin.
In Lützelflüh war damals ein im eminenten Sinne des Wortes gast-
liches Pfarrhaus, das zur Sommerszeit einem Taubenschlage glich,
wo es nur so aus- und einflog von heimischen und immer mehr
auch von fremden Gästen. Letztere waren meist Deutsche, wie
jener Baron, den das junge Dienstmädchen mit den Worten an-
meldete: „Frau Pfarrer, es isch e Fadebund da und wott en
Chrüzer." Nie, man mochte anklopfen, wann es war, hatte man
den Eindruck, dass man ungelegen komme. Wer auch nur einmal
eintrat in diesen Familienkreis, dem musste unwillkürlich das
Wort des Petrus beifallen: „Hier ist gut sein, hier lasst uns
Hütten bauen." Ich habe selber schöne und glückliche Stunden,
wie als Knabe schon, so nachmals als Vikar der Nachbarschaft
in jenem Hause genossen, und dankbar bin ich der Frau Pfarrer
Bitzius, dass sie auch später, als sie verwitwet zu Sumiswald
wohnte, mir eine mütterliche Freundin geblieben ist.

    „Fast beispiellos glücklich" nennt der Parentator das Leben
J. Gotthelfs bis zu jenem Zeitpunkt, wo körperliche Beschwerden
mancherlei Art anfingen den sonnigen Tag zu trüben. Zu diesem
aufs Liebliche gefallenen Menschenlos trugen nicht am wenigsten
die Kinder bei, die alle, jedes in seiner Art, der Eltern Freude
waren. Des Vaters Liebling war die jüngere Tochter, das einzige
noch lebende unter den drei Geschwistern; der Mutter Liebling
war der Sohn, während die ältere Tochter unter dem besondern
Protektorat stand der Tante Bitzius. Alle drei waren reich be-
gabt und genossen die sorgfältigste Erziehung, die namentlich von
der feinsinnigen und hochgebildeten Mutter geleitet wurde. „Die
schmerzlichste Züchtigung", schreibt die ältere Tochter, „war für
uns, wenn die Mutter einige Tage lang uns nicht „gute Nacht"
sagte oder gar Tränen über uns vergoss. Eine Lüge war in den
Augen unserer Eltern das höchste Vergehen, und „Lüge" hiess alles,
was nicht unbedingte Wahrheit war. Nie vertuschte die Mutter
vor dem sehr heftigen und strengen Vater unsere Fehler, nie durften

wir hoffen, vor seinem gerechten Zorn bei ihr unsere Zuflucht zu
finden. Durch Wort und Vorbild lehrte sie uns die unbedingteste
Offenheit und Aufrichtigkeit; auch darf ich nicht unerwähnt
lassen, dass sie uns Kinder mit Wort und Beispiel dazu anhielt,
die heiligen Namen, Gebete und Lieder nie gedankenlos oder gar
scherzweise in den Mund zu nehmen." Aber auch der Vater war
treu besorgt um sein junges Völklein. „Er war", sagt die Tochter,
„ein liebender, oft etwas strenger und ernster Vater, der seinen
kurzen Befehlen ohne viel Reden Nachdruck zu verschaffen wusste.
Mehr als mit Worten strafte er mit dem flammenden Blick seiner
Augen, die bei jeder Gemütsbewegung Farbe wechselten. „Und
dann", schreibt er selbst an seinen Freund Burkhalter, „nehmen
mir meine Butzen auch viel Zeit weg. Ich muss doch bisweilen
hinuntergehen und sehen, ob ihnen nichts Neues beigefallen sei.
Der Bub wird, wenn er so fortfährt, ein ganzer Kerl." Und das
ist er bekanntlich auch geworden. Der schüchterne und lind-
schälige Knabe im Waisenhaus zu Burgdorf, der sich gegen Ka-
meraden, welche die Natur aus gröberem Stoff geschaffen, nicht
zu wehren wusste, hat sich zu einem Manne entwickelt, der in
manchem Sturme seine Kraft erprobte. Scherzend klagte er wohl,
wie schwer es sei, als eines berühmten Vaters Sohn auch seinen
eigenen Posten einzunehmen; aber er ist doch mehr geworden als
ein Planet, der sein Licht nur bezieht von der väterlichen Sonne,
viel eigenes Licht strahlt noch heute von ihm aus.

Bei dem Pfarrer von Lützelflüh war Milde und Ernst. Schalk-
haftigkeit und sittliche Würde stets aufs schönste gepaart, und so
war er denn bei seinen Kollegen im Amt eine allezeit willkommene
Erscheinung. Als er starb, hinterliess er auch unter ihnen eine
unausfüllbare Lücke. Wohl hatte er auch für ihre Schwächen ein
scharfes Auge, aber wenn er sie ans Licht zog, geschah es meist
mit liebenswürdigem Humor; ganz wie seinem Sohn später, ward
ihm darum manches geflügelte, mehr oder weniger boshafte Wort
zu gut gehalten, das, aus anderem Mund geflossen, einen tiefen Riss
gezogen hätte. Seinen Amtsbrüdern bewahrte er Freundschaft und
Treue, auch wenn sie politisch andere Wege gingen. Ein tüchtiger,
aber durchaus nicht blinder und einseitiger Korpsgeist liess ihn
die Differenzen der politischen oder theologischen Anschauung über-
sehen und das Hauptgewicht legen auf das Gemeinsame und

Zusammenhaltende. Lebte er heute, wo die verschiedenen Richtungen
sich organisirt haben, er würde weder zur evangelisch-theolo-
gischen, noch zur reformerischen Fahne schwören. Wahrscheinlich
wäre er ein „Wilder". Denn es gibt keine Schablone für ein
Original, und Bitzius ging eigene Wege. — Ganz antipathisch waren
ihm die jüngern Geistlichen, welche sich mit ihrer Richtung oder
mit ihrer Wissenschaft oder ihrem Amtseifer aufs hohe Ross setzten
gegenüber ältern Amtsgenossen. Man denke an den Vikar in
„Anna Bäbi Jowäger". Gegen solche liess er scharfgespitzte Pfeile
der Satire und des Sarkasmus fliegen. Nie hat Bitzius, der
jüngere, so sich in Widerspruch gesetzt mit dem Geist des Vaters,
als da er in der „Reform" einmal recht geringschätzig von der
Beteiligung der ältern Geistlichkeit am Armenwesen und an der
Armenpflege schrieb. Dagegen hätte der Vater, so grosse Stücke
er hielt auf seinen Albert, gewiss zürnende Verwahrung eingelegt.

„Über alle seine Standes-, ja über alle Vaterlandsgenossen",
sagte der Parentator, „erhebt sich Bitzius als Volksdichter. Da
steht er unerreicht oder wenigstens unübertroffen, — mag auch
eine von der Freundschaft nicht bestochene Kritik mancherlei und
nicht unbedeutende Gebrechen auszustellen haben. Welchen un-
berechenbaren Segen der Heimgegangene noch in fernen Zeiten
verbreiten muss durch seine Schriften! Denn ihr wisset es wohl,
Freunde und Brüder, es sind das nicht bloss eitle Spiele der Phantasie, um über eine langweilige Stunde hinweg zu helfen! Wenn
die da aufgespeicherten Schätze von Belehrung, Ermahnung und
Warnung schon jetzt gleichsam in das Fleisch und Blut unseres
Volkes zur Befolgung übergehen könnten, wie gut würde es um
dasselbe stehen!" Dekan Farschon hat ein prophetisches Wort
gesprochen. Gotthelfs Schriften erfreuen sich heute, ein gutes
halbes Jahrhundert nach ihrem Erscheinen, eines grössern Zu-
spruches, als damals, als sie noch neu waren. Namentlich gilt
dies von der eigentlichen Bauernwelt, die darin gezeichnet wird.
Der unmittelbare Einfluss der Werke Gotthelfs auf jene ist nicht
gross gewesen, auf jeden Fall geringer, als das deutsche Lese-
publikum sich denken mochte. Unter den Gebildeten deutscher
Zunge freilich gewann Bitzius bald Eingang. „Fürsten der Erde",
sagte Farschon, der es wissen konnte, „liessen ihm durch ihre Ge-
sandten Beifall zollen: ein berüchtigt gewesener König erzeigte

ihm sogar die Ehre, eine seiner Schriften auf den Index zu setzen."
Aber der gleiche Redner fügte bei: „Auch hier freuen wir uns
der ihm gewordenen Anerkennung, wenn wir gleich einigermassen
an das Wort vom Propheten im Vaterland erinnert werden."
Indessen, diese Anspielung hatte Grund noch im Todesjahre Gotthelfs, heute aber, 100 Jahre nach seiner Geburt, nicht mehr. In
steigendem Masse sind seine Schriften Gemeingut des Volkes geworden und stiften reichen Segen. Es wird sich erwahren, dass
sie bleibende Bedeutung haben und allen Wechsel der Zeit und
des litterarischen Geschmackes überdauern.

Was Bitzius zum Schreiben getrieben, ist eine oft aufgewor-
fene Frage. Wiederholt hat er sich selber ausgesprochen u. a.
auch in den Briefen an den mehr genannten „Fluhachersepp".
„Es ist merkwürdig", schreibt er da, „dass die Welt und nicht
Ehrgeiz oder Fleiss mich zum Schriftsteller gemacht, sie drückte
so lange auf mich, bis sie Bücher mir aus dem Kopfe drückte,
um sie ihr an die Köpfe zu werfen, und da ich etwas grob werfe,
so will sie das nicht leiden: das kann ihr eigentlich auch niemand
übel nehmen. Indessen muss sie mir Platz machen, muss mich
gelten lassen, — — muss mir ein vernünftig Wort zu sprechen
vergönnen, wann und zu was ich will. Ist einmal dieses Recht
erkämpft, so werde ich sicherlich manierlich werden und sanft
wie ein achttägiges Lamm und zuckersüss wie eine Welschlandtochter
auf dem Tanzboden." Auf die Selbstzeugnisse J. Gotthelfs über
seine Schriftstellerei möchte ich nicht viel geben. Nicht etwa, als
ob es ihm an Wahrheitssinn gebräche, bewahre! Aber er hat sich
selber nicht gekannt. Er wollte belehren, bessern, reformiren,
das war seine redliche Absicht. Aber als er nun ans Schreiben
ging, da platzte die poetische Ader, von der er selbst nichts
wusste. Mit dem Pädagogen geht nun immer mehr der Dichter
durch; auch wo er belehren will, fängt er an zu schildern, die
mächtige Phantasie reisst ihn fort. So ist J. Gotthelf ein Dichter
geworden von Gottes Gnaden, und in der Energie der Zeichnung,
in der Lebhaftigkeit und Kraft des Kolorits ist Bitzius bisher von
keinem Volksschriftsteller, ja in dem Bereich, in dem er sich be-
wegte, von keinem Dichter übertroffen worden. Deshalb aber,
weil er ein Dichter ist, sind seine Werke doch nicht bloss „eitle
Spiele der Phantasie, um über eine langweilige Stunde hinweg zu

helfen", sondern sie bergen an Weisheit, Wahrheit, Belehrung, Trost eine Fundgrube, die noch lange nicht ausgeschöpft worden ist, noch lange nicht ausgeschöpft sein wird. „Morgenstund hat Gold im Mund" gilt buchstäblich fast von unserm J. Gotthelf. In den Morgenstunden sind so zu sagen alle seine Schriften hingeworfen worden, und der Reichtum darin an echtem Gold übertrifft tausendfach an Wert für das Wohl und Glück der Menschheit alle Goldfelder von Klondyke.

Ich schliesse mit einem kleinen persönlichen Erlebnis. Im Herbst 1853 begann ich meine geistliche Amtstätigkeit als Vikar in J. Gotthelfs Nachbarschaft. Der Pfarrer von Lützelflüh war Visitator meiner Gemeinde. Vor Pfingsten 1854 sollte „grosse" Visitation gehalten werden. Obwohl diese, die sonst am Sonntag stattzufinden pflegte, von Bitzius auf den Freitag des Wochengottesdienstes angesetzt wurde, verlangte er dennoch, dass der Vikar vor ihm predigen solle, vermutlich um so recht sein Herz und seine Nieren zu prüfen. So machte ich mich denn ans Werk und studirte mit grossem Eifer eine Predigt über 1. Kor. 4,1: „Von einem Haushalter wird nicht mehr gefordert, denn dass er treu erfunden werde". Und mit noch grösserm Eifer ward die Predigt gehalten, ich nahm alle Kraft zusammen, die Lust und auch den Schmerz; denn es galt zu rühren des Visitators steinern Herz. Nach der Predigt erwartete ich den Befund und hätte viel um ein gnädig Urteil aus des berühmten Mannes Mund gegeben. Aber in allen Wipfeln blieb Ruhe, kein Wort, weder Lob noch Tadel kam über seine Lippen. Am folgenden Tag begegnete ich unserm Kirchenvorstands-Präsidenten, welcher mit feinem Lächeln sagte: „Heit er o gseh, Herr Vikari, wie gester der Herr Visitator gschlafe het währed euer Predig?" Das war ein kalter Strahl auf das heisse Verlangen nach des Visitators Lob. — Aber nun erinnerte ich mich, dass er Tags zuvor über dem festlichen Mahl oben am Tisch im Lehnstuhl mitten in heiterer Gesellschaft auch eingeschlafen war. Der Sopor, an dem J. Gotthelf damals bereits litt, war der Vorbote des baldigen Endes. Wenige Monate hernach, am 22. Oktober, kam für ihn die Stunde der letzten Visitation. Er wird sie wohl bestanden haben.

Über die Sprache Jeremias Gotthelfs mit Bezug auf seine heimische Mundart.

Von

Dr. H. Stickelberger.

Einleitung.

Wohl kein Schriftsteller der neuern Zeit fordert zu sprachlichen Beobachtungen mehr auf als der berühmte Berner mit seinem wunderlichen Gemisch von Mundart und Hochdeutsch. Macht schon der Laie unwillkürlich seine Wahrnehmungen über diesen ganz einzigartigen Stil, wie vielmehr wird sich der Sprachforscher dadurch angeregt fühlen! Jakob Grimm spricht sich in der Vorrede zum Deutschen Wörterbuch (Bd. I, S. XVII) folgendermassen über Bitzius aus: „Von jeher sind aus der Schweiz wirksame Bücher hervorgegangen, denen ein Teil ihres Reizes schwände, wenn die leisere oder stärkere Zutat aus der heimischen Sprache fehlte; einem lebenden Schriftsteller, bei dem sie entschieden vorwaltet, kommen an Sprachgewalt und Eindruck in der Lesewelt heute wenig andere gleich. In den folgenden Bänden des Wörterbuchs wird man ihn öfter zugezogen finden. und es ist zu wünschen, dass seine kräftige Ausdrucksweise dadurch weitere Verbreitung erlange.‟

Eine eingehende Würdigung lässt Ferdinand Vetter unserm grossen Landsmann widerfahren in der Einleitung seiner Ausgabe von „Uli dem Knecht‟ in Reclam's Universalbibliothek. Ich kann nicht umhin, aus der lehrreichen Abhandlung meines Vorläufers die Hauptsätze zu zitieren. Der Herausgeber sagt (S. XXV. XXVI) von Jeremias Gotthelfs Sprache: „Sie dankt ihren Reiz allerdings zum Teil der reichen Mundart, worin sie wurzelt, ist aber in ihrer Gesamterscheinung durchaus das eigenartige Erzeugnis der sprachlichen Genialität und der bestimmten Tendenz ihres

2

Bildners..... Unser Schriftsteller bedient sich der Volkssprache
nicht mit bewusster Künstlerabsicht zur Belebung und Farben-
gebung..... Gotthelf stellt sich als Lehrer des Volkes, für das
er schreibt, mit Bewusstsein über dasselbe und gebraucht in der
Regel diejenige Sprachform, die auch unserm Volke als das Me-
dium für jede Mitteilung höhern Inhalts gilt..... Aber Bitzius,
als verständiger Lehrer, steigt jeden Augenblick zur Ausdrucksweise des Volkes herab, nimmt jeden Augenblick, um den nicht-
bäuerlichen Lesern die Begriffe und Vorstellungen des Landmanns
recht unmittelbar zu vergegenwärtigen, Worte und Wendungen
der Bauernsprache in sein Hochdeutsch auf."

Aber diese Vermengung von Hochdeutsch und Dialekt, lässt
sie sich vom ästhetischen Standpunkte rechtfertigen? Wenn auch
Wilhelm Grimm in einem Briefe an Müllenhoff (abgedruckt im
Anzeiger für deutsches Altertum XI, 246) sagt: „Selbst gegen eine
Vermischung der Schriftsprache mit der Mundart, wie sie Bitzius
in einigen seiner Erzählungen mit Glück versucht hat, erkläre ich
mich nicht", so ist doch die Frage aufzuwerfen: wäre nicht
wenigstens eine Teilung am Platze, wie sie Marie Walden in ihren Geschichten aus dem Emmenthal anwendet, indem sie die Erzählung in reines Hochdeutsch kleidet und die reine Mundart für
die wörtlich angeführte Rede aufspart? Kann auch nicht geleugnet
werden, dass Gotthelf in der Mischung manchmal zu weit geht, so
ist sein Verfahren jedenfalls ungesuchter; und gerade das Unmittelbare, Naturwüchsige seiner Ausdrucksweise ist der grosse Vor-
zug seiner Sprache, der uns für das Ungehobelte vieler Stellen
reichlich entschädigt, wie denn Gottfried Keller (Nachgelassene
Schriften 159) die Mängel des Berners weit lehrreicher nennt „als
die Fehler der gefeilten Mittelmässigkeit oder des geschulten Un-
vermögens". Ein gewisses Prinzip lässt sich übrigens auch bei der
scheinbaren Regellosigkeit erkennen: denn Vetter sagt (Einl. zu
Uli dem Knecht S. XXX): „Wir finden es sehr wirksam, wenn in
dem Satze ‚Schon manche, wo Geld genug hatte, aber e Hung
(Hund) vo Ma, hat mich grusam duret', die Hauptbegriffe in dem
kräftigen Ausdruck der Volkssprache erscheinen." Dass übrigens
auch eine Arbeitsteilung in der Art Marie Waldens nicht nach
jedermanns Geschmack gewesen wäre, beweist Gottfried Kellers
Äusserung (Nachgelassene Schriften 132): „Jeremias Gotthelf miss-

braucht zwar diese |dem Dialekt günstige| Stimmung, indem er
ohne Grund ganze Perioden in Berncrdeutsch schreibt, anstatt es
bei den eigentümlichsten und kräftigsten Provinzialismen bewenden
zu lassen."

Gotthelf geht also, wie Vetter bemerkt, von der Schriftsprache
aus; aber diese ist durch und durch mundartlich gefärbt, in Wortschatz, Grammatik und Stil, teils weil der Verfasser es nicht besser
kann, teils — und das grösstenteils — weil er es nicht anders
will. Er schreibt wie ein im Hochdeutschen nicht besonders ge-
übter, aber sonst sprachgewandter Mann spricht, der durch die
Beredsamkeit in seinem heimischen Idiom uns reichlich entschädigt für die konventionelle Korrektheit; es ist, als wäre jede ge-
naue Übersetzung ins Hochdeutsche ein Raub an dem, was er sagen
will. Jeremias Gotthelf denkt trotz allem schweizerdeutsch, und
seine Sätze sind, ungeachtet der hochdeutschen Grundform, mundartlich viel besser gebildet als die vieler modernen Dialektschrift-
steller, bei denen alles klingt wie aus der Büchersprache übersetzt.
Wer aus der höchst inkonsequenten Schreibung den richtigen Laut-
wert herausfindet — und das kann nur der Kenner der Mundart —
würde Grammatik und Wörterbuch des Berndeutschen aus Bitzius'
Schriften ziemlich vollständig ableiten können [1]).

Aber wie, soll mit der Mischsprache Gotthelfs dem verpönten
Schulmeisterdeutsch, dem Schrecken jedes Gebildeten, das Wort
geredet sein? Ist Messing auf einmal Gold, weil es ein Bitzius
als echtes Metall ausgibt? O nein! Schulmeisterdeutsch ist Gotthelfs Sprache — wie Luthers Deutsch Kanzleisprache war! Der
Reformator schrieb nach der sächsischen Kanzlei, aber nichts weniger als Kanzleistil: im Gegenteil, das Vollsaftige seiner Sprache
verschaffte ihr den Sieg. Und so triumphirt denn auch das Ker-
nige, Bilderreiche in Gotthelfs Ausdrucksweise über alle äusser-
lichen Bedenken.

Wenn ich nun Jeremias Gotthelfs Sprache eingehender unter-
suche, so ist es mir hauptsächlich darum zu tun, seine Stellung
zum Schweizerdeutschen und insbesondere zum Berndeutschen
näher zu beleuchten. Wohl wären noch viele andere interessante
Punkte zu erläutern; aber bei dem mir zur Verfügung gestellten

---

[1]) Erstere Aufgabe soll nächstens in einer Doktor-Dissertation gelöst werden.

Raume muss ich mich auf das Notwendigste beschränken. Ich werde deshalb in Wortschatz und Grammatik, in Phraseologie und Stil nachzuweisen suchen, dass Gotthelfs Sprache die Wurzeln ihrer Kraft in der Mundart hat; meiner Erörterung entziehen sich also die reine Mundart sowohl, insofern sie bei Bitzius überhaupt rein zu finden ist, als diejenigen sprachlichen Eigentümlichkeiten, die mit dem Dialekt nichts zu tun haben, so verlockend es wäre, auch diese zu verfolgen.

Welches sind nun aber die Quellen meiner sprachlichen Untersuchung? Natürlich galt es hier, wo es auf buchstäbliche Treue ankommt, den unverfälschten Gotthelf auszubeuten, und so habe ich denn bei allen Werken, die mir in der Originalausgabe zugänglich waren, diese zu Grunde gelegt (die meisten fand ich in der Burgdorfer Stadtbibliothek). Eine Ausnahme machte ich bei denjenigen Werken, die in der illustrirten Prachtausgabe von F. Zahn in La Chaux-de-Fonds herausgekommen sind; dabei leitete mich die Erwägung, dass diese von Prof. Otto Sutermeister nach dem Originaltexte neu herausgegebenen Erzählungen (Leiden und Freuden eines Schulmeisters, Der Bauern-Spiegel, Uli der Knecht und Uli der Pächter, Anne Bäbi Jowäger) sich in sehr vielen Händen befinden, dass somit die Quellennachweise nicht nur den wenigen Besitzern von Originalausgaben zu gute kommen. Die mit dem „Bauernspiegel" zusammen abgedruckten kleineren Stücke „Elsi, die seltsame Magd" und „Der Sonntag des Grossvaters" zitire ich dagegen nach „Erzählungen und Bildern", weil ich von diesen schon von früher her Auszüge besitze. Durch Benutzung der Zahn'schen Ausgaben entsteht nun allerdings eine gewisse Buntscheckigkeit der Schreibung, indem sich Sutermeister der Duden'schen Orthographie bedient, was ich in seinem Falle nicht getan hätte: denn für mich ist es störend, den „währschaften" Berner in so modernem Gewand auftreten zu sehen. Doch ist das am Ende eine Äusserlichkeit, die nicht stark ins Gewicht fällt. — Von „Dorbach, dem Wühler" benutzte ich die 2. Ausgabe (Leipzig. Gustav Meyer 1849), von den beiden Erbvettern („Hans Joggeli, der Erbvetter" und „Harzer Hans, auch ein Erbvetter") die gesammelten Schriften (Bd. 12): dagegen legte ich bei „Geld und Geist" die erste Ausgabe (Bilder und Sagen aus der Schweiz Bd. 2. 1. 5) zu Grunde, was beim Zitiren etwas unbequem war.

Über das Verhältnis der einzelnen Ausgaben zu einander kann ich mich hier nicht verbreiten; wer sich darüber unterrichten will, lese die Vergleichung der drei Ausgaben von „Uli dem Knecht" bei Vetter (S. XXX ff.).

Liefern denn nun aber alle Werke gleich gutes Quellenmaterial? Keineswegs! Am allerwenigsten fallen hier in Betracht diejenigen Erzählungen, die sich auf Sage und Geschichte gründen, wie „Der letzte Thorberger", „Kurt von Koppigen", „Der Knabe des Tell", sodann „Der Sylvester-Traum", ein der Natur des Schriftstellers ganz fremdes Werk. In allen diesen ist Bitzius am wenigsten er selbst, und daher zieht er auch am wenigsten die Mundart bei. An deren Stelle macht sich ein hohles Pathos, ein gespreizter Kanzelton breit; eine Unmasse Inversionen, besonders des Genitivs und Akkusativs, machen den Eindruck künstlicher Gliederverrenkung. Zwar findet sich diese Eigenheit überall, wo Gotthelf pathetisch wird, z. B. in sehr hohem Masse bei der „Wassernot im Emmenthal": doch weist diese Schilderung dafür wieder so grosse sprachliche Schönheiten auf, dass wir dem Verfasser jene Schwächen nachsehen.

Welches sind denn nun die massgebendsten Werke für die Kenntnis der eigentlichen Gotthelfsprache? Hier muss ich „Uli dem Knecht" die Palme zuerkennen; wo man nur aufschlägt, findet man sprachlich Fesselndes, während in seinem Erstlingswerke, dem „Bauernspiegel", sich der Schriftsteller seinen eigenartigen Stil erst bildet und mit Provinzialismen noch ziemlich hinterm Berge hält. In den „Leiden und Freuden eines Schulmeisters" dagegen hat er schon Selbstbewusstsein genug, mit seiner Eigenart hervorzutreten. Reiche Ausbeute gewähren auch „Anne Bäbi Jowäger" und „Uli der Pächter", wiewohl sich in diesem schon einige Verwässerungen bemerkbar machen. Aber nicht nur grosse, auch kleine Schriften, wie „Dursli der Branntweinsäufer" und „Wie fünf Mädchen im Branntwein jämmerlich umkommen" u. a., bieten des Interessanten viel.

Indem ich mich nun den sprachlichen Erscheinungen im einzelnen zuwende, bemerke ich, dass die Quellennachweise in der Regel nur bei ganzen Sätzen und Ausdrücken stehen, bei Wörtern und Wortformen dagegen nur, wenn wir es mehr mit aussergewöhnlichen Fällen zu tun haben.

Und nun bitte ich den Leser, mir mit Geduld durch die verschiedenen sprachlichen Erörterungen zu folgen, die der Natur der Sache nach nicht immer unterhaltend sein können.

Wortschatz.

Die so wichtige lexikalische Seite von Gotthelfs Sprache ist bis jetzt am meisten gewürdigt worden. Nicht nur haben die grossen Wörterbücher von Grimm, von Sanders, von Heyne, sowie das schweizerische Idiotikon diese sprachliche Fundgrube tüchtig ausgebeutet, sondern es erschien auch ein nützliches Büchlein: „Erklärung der schwierigeren dialektischen Ausdrücke in Jeremias Gotthelfs (Albert Bitzius) gesammelten Schriften. Zusammengestellt von Alb. von Rütte. Pfarrer [Schwiegersohn des Schriftstellers]. Berlin 1858, Jul. Springer." Indem ich daher auf eine eigentliche Darstellung des Wortschatzes verzichte, begnüge ich mich, einige Punkte hervorzuheben, die für die Beurteilung unseres Erzählers von Wichtigkeit sind.

Hochdeutsche Wörter in mundartlicher Bedeutung.

Wie sehr Gotthelfs Sprache von der Mundart, speziell der bernischen, durchtränkt ist, zeigt eine Zusammenstellung von Wörtern, die ein dem Dialekt fremd Gegenüberstehender missverstehen könnte, ja müsste, so dass die drolligsten Verwechslungen möglich wären.

Das klassischste Beispiel ist wohl der Satz: „Beim Nachtessen rühmten mich die Vorgesetzten gar und sagten, das hätte ihnen gefallen, dass ich gar ein *Gemeiner* sei und *niederträchtig* mit jedermann" (Schulmeister 93). Die beiden hervorgehobenen Adjektiva sind die schlagendsten Belege, wie der Sinn von Wörtern sich fast ins Gegenteil verkehren kann. Wie irreführend ist ferner z. B. der Satz in „Elsi, die seltsame Magd" (Erzählungen und Bilder 1, 53), wo es heisst, dass man ein Mädchen wieder fortschicken könne, wenn es sich nicht als *anständig* [passend] erweise! Käthi fragt (II. 35) ihren Sohn: „Es nimmt mich Wunder, ob du niemals *witzig* [verständig, gewitzigt] werden wollest". In der Erzählung „Wie fünf Mädchen im Branntwein jämmerlich umkommen"

(S. 4) setzt sich ein *Gumi* (Commis) „in das wenig *anschauliche* Wirtshaus" [1]). Selbst schweizerische Leser dürften den Satz (Bauern-Spiegel 16) missverstehen: „Und das Ende vom Liede war immer, dass ich mit gefüllten *Säcken* [Taschen] unter vielem *Balgen* der Grossmutter herauskam." Wer etwa glaubt, dass „Miasli" durchgewalkt worden wäre, würde sich sehr täuschen; denn es liegt das mittelhochdeutsche Zeitwort *bëlgen* (zürnen) zu Grunde. Dreifach missverständlich ist der Satz (Anne Bäbi 83): „Da *brüllte* der Bube und schlug mit Händen und Füssen drein, er wolle nicht *laufen*, er wolle *reiten*" (d. h. fahren). Und dem Mädi (Anne Bäbi 53) sagt ein Begleiter: „Aber hör, ich wüsste dir Einen, einen *tollen* Mann" (d. h. einen stattlichen). Schwerlich wird ein deutscher Leser den ganzen Umfang des Satzes (Käthi II, 144) begreifen: „So dachte Bäbeli, und nicht bloss so flüchtig wie ein *Schein*, der vorüberfährt" (d. h. wie ein Blitz). Ein stattliches *Hammeli* (Uli 16) wird ein Deutscher unbedingt als Hammelsbraten essen, weshalb auch Gotthelf selbst (Wassernot 9) die Übersetzung *Schinken* hinzufügt. Ein Fremder wird stutzen, wenn er (Geltstag 235) liest, dass der *Stutzer* (Stutzen) der schweizerische Enkel der Armbrust ist. Warum einer nicht lesen kann, weil er den *Spiegel* nicht bei sich hat (Käserei 46), weiss nur, wer die Bedeutung *Brille* kennt. Verwundert wird sich mancher an die Stirne schlagen, wenn er liest (Käserei 22): „Man sieht solche Käsereigebäude, welche *Herrenstöcken* gleichen." Der Berner Bauer unterscheidet eben genau zwischen Haus (mit Scheune und Stall) und Stock (ohne Nebengebäude).

Auch auf das Zeitwort erstreckt sich die Zweideutigkeit. Christeli sagt in „Geld und Geist" (Bilder und Sagen V, 11): „Ich ... wollte bestens mich *versprechen*" (entschuldigen). In der Erzählung „Wie fünf Mädchen etc." (4) steht der scheinbar widerspruchsvolle Ausdruck: „ein Schatten, den ich ihm *missgünstig vergönnte*" (ein übrigens nicht sehr glückliches Wortspiel). Ebendort (S. 79) heisst es von einem der schnapstrinkenden Mädchen: „und da *borgete* es demselben auch nicht" (d. h. es schonte, sparte den Branntwein nicht). Im „Schulmeister" (S. 30) steht auf der

---

[1]) Eigentlich der Mundart gehört das Wort nicht an, ist aber von dem beliebten *anschauen* für *ansehen* gebildet.

gleichen Seite *lernen* für *lehren* und *lehren* für *lernen*: das Berndeutsche hat für beides *lehre*, einzelne Schweizer-Dialekte für beides *lerne*.

Fremdwörter.

Wie die Schriftsprache in naiveren Perioden fremde Bestandteile nicht in ihrer reinen Gestalt aufnimmt, sondern sie sich mundgerecht macht, ja durch Volksetymologie umdeutet, so haben die Dialekte viele Fremdwörter derart zu ihrem Eigentum erhoben, dass sie zu ihren charakteristischen Merkmalen gehören. Gotthelf scheut sich nicht, die im Berndeutschen besonders häufigen Entlehnungen aus dem benachbarten Französischen in die Schriftsprache zu verweben. Zu den gebräuchlichsten gehören *Gumi* (Commis), *Brattig* (Kalender; die Form mit tt verrät Herübernahme aus dem Französischen *pratiques*), *Guraschi, schalus, komod, ordinäri,* auch als Substantiv: „Seine Frau konnte ein gutes *Ordinäri* wohl kochen" (Käserei 52), *z Gunteräri* oder *d's conträr.*

Die Volksetymologie macht sich manchmal in komischer Weise geltend, so in dem Worte *Schärbank* (char à banc), einer Art Kutsche, die jetzt noch auf den Burgdorfer Jahrmärkten zu sehen ist. Hieher gehört vielleicht auch: „allerlei Unrepetirliches (Schulmeister 49). *Lärmidieren* ist eine Verquickung von *lamentieren* und *lärmen* (s. schweiz. Idiotikon III, 1383).

Beinahe mythisch klingt das Wort *Myten* (Bilder und Sagen IV, 158 Geld und Geist); es ist aber nichts weiter als das franz. *mitaine* im Sinne von kurzen Ärmeln für den Vorderarm (s. schweiz. Idiot. IV, 565).

Die Fremdwörter dienen mitunter zur Charakteristik der Personen, die sich damit ein Ansehen geben wollen; z. B. sagt der alte Schulmeister (Leiden und Freuden 71) „daraus könne *per forscht* nichts werden"; die Entstellung, wobei an Ableitung von *Forst* zu denken ist, kennzeichnet die Halbbildung, wie das *Bunschur* des aus der Art geschlagenen Wirtes Johannes (Uli 172).

Bei aller Vorliebe für das Welschen sogar beim Landvolke des Kantons Bern finden sich doch wieder überraschende deutsche Ausdrücke, die anderwärts durch Fremdwörter wiedergegeben werden, z. B.: [Stüdi] „gab mir selbst Anlass, dass ich *ein Bstellts* bei ihr machen konnte" (Schulmeister 120): eine ganz selbständige

Bezeichnung für „rendez-vous geben". „Ausputzen ist allweg gut",
sagt der Geizhals Harzer Hans (Gesammelte Schriften 12, 355).
womit er das Laxiren meint. Für Kanapee oder Sopha steht Ruh-
bett, ein Wort, das freilich auch Wieland (Oberon V. 53) in der
Form Ruhebette braucht. Eine schöne Übersetzung ist: „als mir
der Herr [Pfarrer] erlaubt hat" (Bilder und Sagen II, 50 Geld
und Geist), d. h. als ich admittirt, konfirmirt wurde. Die Admis-
sion oder Konfirmation wird mit dem entsprechenden Substantiv
wiedergegeben: „so frei und froh ich mich nun nach erhaltener
Erlaubnis auch fühlte" (Bauern-Spiegel 119).

Fremdartige deutsche Einflüsse.

Viel fremdartiger als die aus dem Französischen herüberge-
nommenen. echt mundartlichen Wörter sind gewisse Zutaten aus
dem deutschen Sprachgebiet, die nicht organisch mit Gotthelfs
Stil verwachsen sind, sondern als äusserlich Angeeignetes, ja Hin-
eingezwängtes einen feinern Sprachsinn verletzen. Dahin gehört
z. B. die unter der Deklination zu besprechende norddeutsche Plu-
ral-Endung -s.

Etwas Preussisch-Barsches haben die abgekürzten Adverbien
raus und runter, z. B. „Aber wohl, dem machte ich die Läuse
runter (Käthi I, 86). Selbst ein Küper für Küfer begegnet dort
(II, 84); oder kommt dieser auf Rechnung des Berliner Setzers?
Norddeutsch ist auch das immerwährende hätte statt habe, während inkonsequenterweise sei. nicht wäre steht, z. B. „Ja, man er-
zählte: Auf einem aufrechtstehenden Kirschbaum sei Einer daher-
geschwommen gekommen, in seiner Not hätte er immerfort ge-
kirset (Wassernot 33). Der feinfühlige Gottfried Keller rügt (Nachgelassene Werke 123) die „unendlichen Referate im Conjunctiv
Imperfecti".

Was sagen wir aber vollends dazu, dass Alb. v. Rütte in seiner „Erklärung der schwierigeren dialektischen Ausdrücke in Jeremias Gotthelfs Schriften" unter die Berner Idiotismen auch das
Adjektiv staadisch, „stattlich aussehend. namentlich in der Klei-
dung", einreiht? In der Tat findet sich in „Zeitgeist und Berner
Geist" (I, 131) der Ausdruck „so stadisch und prüssisch", hier also
mit Absicht norddeutsch. — Woher nun diese niederdeutschen An-
klänge bei dem „urchigen" Schweizer? Hier mag einerseits der

Aufenthalt in Göttingen, anderseits die Beziehung zu dem Berliner
Verleger von Einfluss gewesen sein. Vetter spricht in der Einleitung zu „Uli dem Knecht" (S. XXIX) betreffend die Umarbei-
tung der Werke durch Bitzius von „gesucht hochdeutschen und
spezifisch norddeutschen Ausdrücken, wo der Korrektor es offenbar
nur allzu gut machen will." Wahrscheinlich hat Gotthelf die un-
sinnige Wortform *gescheut* für *gescheit*, die er durchweg anwendet,
auch in Göttingen gehört; wo aber das bei ihm beliebte *selbsten*
für *selbst*, das ich z. B. von Österreichern gehört habe und das
u. a. bei den Dichtern der ersten schlesischen Schule vorkommt?
Bei Fritz Reuter findet sich *sülwen* und *sülwst*. — Die Adjektiva
graulicht, grünlicht, schneeicht, moosicht, steinigt, riereckigt sind wohl
nach dem Vorbild Schillers gebildet.

Lehrreich für die Ersetzung guter mundartlicher Ausdrücke
durch Wörter von oft zweifelhafter Güte ist eines der spätern, in Berlin erschienenen Werke „Käthi die Grossmutter". Schon die Um-
taufe von *Anke* in *Butter*, *Nidle* in *Sahne*, die sich in jüngern
Schriften findet, ist ziemlich überflüssig; denn es gibt doch bei
Gotthelf noch ganz andere Schwierigkeiten zu überwinden (statt
Sahne wäre wenigstens *Rahm* als ein auch oberdeutsches Wort
passender gewesen). Nun aber gar *Pfannkuchen* statt des „währschaften" *Eiertätsch* (I. 146), *Pfefferkuchen* für *Lebkuchen* (II. 97),
als ob man in Nürnberg nicht auch Lebkuchen machte! *Back-
obst* (I, 160) braucht Bitzius wohl für „Schnitze" (dürres Obst).
Sehr irreführend ist *Jungfrau* (II. 84) für *Jumpfere* (Magd); warum
nicht wenigstens *Jungfer?*

Erfundene Ortsnamen.

Humor, Erfindungsgabe, sprachbildendes Talent und Beherr-
schung der heimischen Mundart zeigt Bitzius in der Erfindung seiner
Ortsnamen; wie alles, was er darstellt, auf dem sichern Boden der
Wirklichkeit ruht, so darf auch der Schauplatz der Begebenheiten
kein Nirgendheim sein; anderseits konnte aber der Schriftsteller
auch nicht eine wirkliche Ortschaft angeben, da er sich sonst jedenfalls in schlimme Händel verwickelt hätte. Ausser bei der
„Wassernot im Emmenthal", einer nicht erfundenen Begebenheit,
wird nur einmal, in „Elsi, die seltsame Magd", ein bestimmtes
Dorf, *Heimiswyl*, genannt, während allerdings Burgdorf als Kreis-

städtchen mehrfach erwähnt wird (s. das Bild von Anker. Schulmeister 15). Eine Ausnahme machen natürlich auch die sagenhaften Erzählungen, die sich an bestimmte Örtlichkeiten heften. Im Anschluss an die im Kanton Bern vorkommenden Ortsnamen bildet Gotthelf seine frei erfundenen, die meistens eine bald feinere, bald derbere ironische Beziehung enthalten.

So auf -*igen*: „*Frevligen* ist ein grosses Dorf . . .; viel Reichtum ist dort, aber auch Übermut" (Uli 171); es ist dies der Ort, wo Johannes, der Sohn des Glunggenbauers. wirtet. Resli in „Geld und Geist" sagt (Bilder und Sagen V, 10) von seinem Mädchen: „Taubs habe ich es zu *Aufbegehrige* gemacht". Harzer Hans, der Erzgeizhals, wohnt zu *Hartherzige* (Gesammelte Schriften 12. 320). *Hudliger* und *Blastiger* werden die liederlichen und hochmütigen Bewohner gewisser Dörfer genannt (Zeitgeist und Berner Geist I, 33). Ausserdem kommt u. a. vor die wie *Hartherzige* etwas zu durchsichtige Bildung *Gutmütigen*, sodann *Raxigen* (von *raxe*, knausern). *Sprüzligen* (wohl von *sprützig*, übermütig). *Schnürfligen* (s. von Rütte unter *Schnürfli*). Wenn die Glunggenbäuerin von dem Baumwollenhändler sagt: „dem sehe man es an, dass er nicht z' *Nütigen* daheim sei" (Uli 196), so ist das ein Wortspiel ähnlich dem in Basel gebräuchlichen: „Er isch nit vo *Giebenach*", d. h. er ist nicht freigebig, nur dass letzteres ein wirklicher Ortsname ist.

Auf -*wyl* (-*wyler*) werden gebildet: *Waschliwyl* (von *waschle*, schwatzen), *Lümliswyl*, *Gytiwyl* (von *gyte*, geizen, s. C. Wiedmer, Vermischte Gedichte. 2. Aufl. Langnau 1874. S. 90), *Liebiwyl*. *Rychiwil*, *Brönzwyler*.

Die Brönzwyler haben einen „Wetthurnusset" mit den *Erdöpfelkofern* (Uli 38). Ausser dem letztern witzigen Namen sind von freien Bildungen zu erwähnen die Höfe der beiden ungleichen Bauern in „Zeitgeist und Berner Geist": der *Hunghufe* und die *Ankenballe*. Joggelis Hof, den Uli wieder in Stand stellen muss. heisst *Glungge* (Pfütze), die Wirtschaft nach der neuen Mode *Gnepfi* (kritischer Augenblick). die Käserei ist in der *Velifreude* etc. Im *Galgenmösli* und im *Saubrunnen* (Käserei 51. 31) hausen Wucherer. Dagegen ist die *Säublume* das Besitztum des sehr sympathisch geschilderten Amtsrichters (Erzählungen und Bilder V. 64); denn diese Pflanze, der Löwenzahn, wird auf den Berner Matten gern gesehen. Doch genug an dieser Auswahl. die nicht zum wenigsten geeignet ist, uns einen Einblick in Gotthelfs Sprachwerkstätte zu verschaffen.

Grammatisches.

Sprachmischung.

In der Einleitung wurde gezeigt, dass die oft angegriffene Mischung von Dialekt und Schriftsprache bei Gotthelf einen innern Grund hat. Dies kann nun freilich nicht für alle Fälle behauptet werden; denn zuweilen sind beide Elemente nicht nur im gleichen Satze, sondern im gleichen Worte unorganisch miteinander vermengt, wofür nur ein paar Beispiele. Im „Schulmeister" (S. 22) sagen die ältern Schwestern zu Peterli: „Jetzt chast's o ha wie *wir*", und die Eltern Peterlis (S. 27) erklären, „es heig *ihnen* niemer nüt *z'bifehlen*". Wozu das Endungs-*n* in mundartlichen Wörtern? Ein Mischmasch entsteht auch, wenn statt des hochdeutschen -*eln* oder des mundartlichen -*le* ein Wort auf -*len* endigt, z. B. „um Güter zu *handlen*" (Schuldenbauer 18), „aus den grossen *Kachlen*" (Bauern-Spiegel 12). Das Adverb *hintere* in dem Satze: „Der [Schütze] streckt seinen Kopf auch nicht durchs Loch, sondern macht sich *hintere*", ist ein Kompromiss zwischen dem mundartlichen *hindere* oder *hingere* und einem nicht vorhandenen hochdeutschen *hintern* (nach hinten). Geradezu ein widerwärtiges Kauderwelsch, wie es etwa ein Handwerksbursche spricht, wenn er aus Deutschland kommt und tut, als ob er nicht mehr schweizerdeutsch könne, stellen die Sätze dar: „und *d'Krügeli* [Kügelchen], *wo übrig bleibe*, die braucht man als *Fülli* in kleine *Pastetchen*, die sind *bsunderbar* gut" (Schuldenbauer 142), oder: „Das ist auch noch e *Plätz* (Weg) bis zu *dene Leute*" (Bilder und Sagen V. 143 Geld und Geist).

Nach Vorhaltung dieses Sündenregisters dürfen wir um so unbefangener zur Würdigung von Gotthelfs Sprache nach der grammatischen Seite hin schreiten.

Deklination.

Die Flexion der Substantiva richtet sich bei Gotthelf häufig nach derjenigen der Mundart. So wird z. B. bei schwachen Hauptwörtern die Endung -*en* unterdrückt, wie in den Dativen: *dem Türk, dem Christ, zum Despot, in einem Mutterherz,* in den Akkusativen *einen Senn, den Franzos, einen Preuss, einen Diplomat.* Bedenklicher ist der Dativ *im Haase* (Bilder und Sagen IV, 143 Geld und Geist). — Nicht selten steht auch die schwache Deklination statt der starken nach dem Muster der Mundart, z. B. *den Psalmen* (Akk. Sing.), *die Reifen, die Diensten* (Dienstboten), *die Töchtern.* Von *Nachbar* lautet die Mehrzahl *Nachbaren.* „Mit dem *Schelmen* davongegangen“ zeigt die echtere Form als der diesem widersprechende Plural *Schelme.* Ganz mundartlich ist der Einschub des *n* in dem Dat. Plur. *den Flühnen;* völlig willkürlich dagegen sind die Gen. Plur. *der Leuten, der Hunderten.* Ein weitverbreiteter Fehler ist die Auslassung des Dativ-*n* bei dem Ausdruck: „in gewissen Herren *Länder*“ (Käserei 22), wozu hier noch die zweideutige Beziehung von *gewiss* kommt. Ein verkümmerter Dat. Plur. steckt auch in dem Satze (Schulmeister 31): „Es ergoss sich aus des Vaters, der Mutter, der Schwestern *Mäuler*“.

Die diminutiven Taufnamen auf -*i* nehmen im Dativ (und Akkusativ) ein -*n* an, z. B. *mit Joggin, zu Hofbure Stüdin.* Während wir hier ein direktes Hineinragen der Mundart vor uns haben, ist der Genitiv *Hanse's* eine Analogiebildung nach der schriftdeutschen starken Deklination.

Auch die Flexion des Adjektivs, beziehungsweise des Pronomens, zeigt mehrere Abweichungen vom Sprachgebrauch, die sich aber nicht auf die Mundart, sondern auf grammatische Unsicherheit zurückführen lassen, z. B. „*Diesen Sinns* war auch unsere Käthi (Käthi II. 127). — *Ihr heiligster Heilige* (Wassernot 26) verstösst gegen die Regel, dass nach dem flexionslosen Possessivpronomen das Adjektiv stark deklinirt wird. Umgekehrt sollte es nach *keiner* in der schwachen Form stehen; Gotthelf aber schreibt: „arme Hüng, wie sie, hätten *keine dürre* Kirschen“ (Bilder und Sagen I, 142).

Interessant ist die Übertragung einer Eigentümlichkeit des Berner Dialekts auf das Hochdeutsche: die Abänderung des prädikativen Adjektivs. Der Jagdaufseher Kaspar in „Der Oberamtmann und der Amtsrichter“ (Erzählungen und Bilder V, 90) sagt: „Ich bin *z'alte* geworden dazu“. Eisi, die Frau Peterli's, zum Dürluft (Käserei 12): „Sie sei nit niene (nirgends) daheim gsi und nit

Blutti (nackt)". Resli in „Geld und Geist" (Bilder und Sagen V. 10)
wird betreffend seine Geliebte gefragt: „Und *taubs* (zornig) hast
du es auch schon gesehen?" Selbst wenn sich das Adjektiv auf
das Subjekt *es* bezieht, kann es die Endung annehmen, so in der
häufigen Wendung: 's düecht mi *strengs* (stark, schwer); die Grossmutter sagt zur Schwiegertochter (Bauern-Spiegel 10): „Es wird
di *ung'wans* düeche".

Nicht der Mundart, sondern eher der Bibel- und Dichtersprache
hat Gotthelf die Auslassung der Endung des attributiven Adjektivs
im Neutrum entnommen; diese Altertümlichkeit findet sich denn
auch hauptsächlich in gehobenem Stil. z. B. „Da zerschlug der
Strom in seiner Wut sein *eigen* Werk" (Wassernot 29). doch auch
sonst in zahlreichen Fällen; z. B. „Eisi machte über dem Essen
ein *sauer, gespannt* Gesicht" (Geltstag 317). Nicht zu billigen ist
es, wenn ein Adjektiv flektirt ist. das andere nicht. z. B. „ein
schmal, aber *liebliches Tälchen*" (Wassernot 29). „Es ist wirklich
ein *sinnlos, verrnchtes* Treiben" (Armennot 42).

Ganz berndeutsch ist nun wieder die Auslassung der Endung
bei einigen substantivisch gebrauchten Adjektiven. vgl. die Erzählung „Wie ein *Wälsch* Wein verkauft" (Erzählungen und Bilder V, 299). So sagt man z. B. auch *e Stumm* (ein Stummer).

In der Pluralbildung finden wir eine Anzahl *-er*. die meines
Wissens nicht dem Berner Dialekt angehören; so *Hemder* (der
Berner braucht sonst nur das Diminutiv *Hemmli*), *Hälser, Jöcher,
Tränker* (von *Trank*). Noch auffallender ist die nicht seltene Mehr-
zahl auf *-s,* die zu den norddeutschen Einflüssen zu rechnen ist:
wahrscheinlich ist es niederdeutsches Gewächs, nicht französischer
Einfluss, worauf allerdings die häufige Anwendung durch Friedrich
den Grossen könnte schliessen lassen. Beispiele: den *Herrleins
und Fräuleins, nach Bräntigams fischen gehen* (also sogar Dativ!).
*Jungens, Onkels, seine Pucks, Schuldenbäuerleins, die Kerls, dieser
Lümmels.*

Fälle.

Nachdem wir im vorigen Abschnitt die Deklination ins Auge
gefasst haben. wenden wir uns hier der Kasuslehre zu. um nachzuweisen, dass Gotthelf auch in Bezug auf die Rektion vielfach
von der Mundart beeinflusst worden ist und dass er auch Alter-

tümlichkeiten derselben in gewissen Redewendungen herübergenommen hat.

Der Berner, beziehungsweise Schweizer, verrät sich in der nicht seltenen Verwechslung von *Nominativ* und *Akkusativ*, z. B.: „Der aber ..... nannte ihn Kindesmörder und des Teufels *leibhaftiger* Sohn" (Bilder und Sagen I, 129). „Aus Heiri gebe es was Apartes, dachte er, entweder *ein Seidenherr oder ein Hallunke*" (Die beiden Seidenweber 10). Gänzlich den Kompass verliert der Verfasser in der Apposition, wenn er (Dursli 65) schreibt: „Schräg durch *den Wald, der Ecke* des Einschlags zielend, ... tappte er mit zitternden Beinen vorwärts".

Bekanntlich kennt das Schweizerdeutsche einen lebendigen *Genitiv* im gewöhnlichen Sprachgebrauche nicht mehr, sondern umschreibt z. B. das Attribut durch einen Dativ mit zueignendem Fürwort. So höhnt die Bäuerin von Heimiswyl Elsi, die seltsame Magd, als diese bemerkt: „Ihr wisst drum nicht, wer wir gewesen sind" mit den Worten „O, doch nicht etwa *unserm Herrgott seine Geschwister?*" (Erzählungen und Bilder I, 70). Nun finden sich aber in stehenden Redensarten doch noch viele gleichsam versteinerte Genitive: *Sinns sein. d's Herrgets* (des Herrgotts, eigentlich des Teufels) sein, *Hungs* (Hunds) genug sein: dann adverbiale Genitive, wie: „*Eines Tages* |in einem Tage| macht sich das allweg nicht" (Uli 476), oder: „Dass das so *eys Gurts* |in einem Sprung| gehen muss" (Bilder und Sagen IV, 126 Geld und Geist). Eine kaum noch erkennbare Verbindung der Art ist auch das beliebte *bösdings* |zur Not|; *auf Dings geben* heisst: auf Borg geben. In Zusammensetzungen weisen den Genitiv auf z. B. Tennsthor und *Sühniswyb* oder *Sühniswyb* (die beiden letztern besonders häufig im „Anne Bäbi").

Eine sehr weite Ausdehnung hat der *Dativ* erhalten, indem er z. T. die Funktionen des *Genitivs* übernommen hat, und zwar nicht nur in der oben erwähnten Verwendung als Attribut. sondern auch als Objekt, abhängig von einem Substantiv mit Hülfsverb. z. B. „Der kann sich vorsehen, sonst wirst *ihm* auch Meister" (Käthi I, 143). „Eltern. denen man die heimliche Freude ansah. *ihrem* eigenen Fleisch und Blut bald los werden zu können" (Bauern-Spiegel 16). Oder ein Zeitwort regiert geradezu den Dativ statt des Genitivs: „Was *ihm* wartete. wusste er nicht" (Gesam-

melte Schriften 12. 343 Harzer Hans). Zuweilen steht der *Dativ*
auch für den *Akkusativ*, und zwar nicht nur in dem unbestimmten
Fürwort *einer*, z. B. „Es nimmt *einem* doch Wunder‑ (Wassernot 31), sondern auch, wo an keine Verwechslung zu denken ist,
z. B. in der Redensart: *allem aufbieten, einem ankommen*: „Indessen
kam es *der Grossmutter* doch schwer an‑ (Jakob, der Handwerksgeselle I, 8). *Gelten* mit Dativ wird in anderm Sinne als hochdeutsch gebraucht, z. B., wenn es *harter* oder *schwerer* Arbeit
gilt. *Halten* wird mit verschiedenen Präpositionen in Verbindung
mit dem Dativ statt mit dem Akkusativ gesetzt, nämlich in den
Ausdrücken *sich an einer Sache halten* und *auf jemandem halten*,
z. B. „so dass ich selbst nicht wenig *auf mir* hielt“ (Schulmeister 12).

Geschlecht.

Bekanntlich weicht auch im Geschlecht die Mundart vielfach
vom Hochdeutschen ab, sei es, dass sie hierin der ältern Sprache
folgt, sei es, dass sie ihre eigenen Wege geht. Jedem nicht schweizerischen Leser wird zunächst auffallen, dass bei Gotthelf weibliche
Namen durchweg sächlich gebraucht werden, z. B. *das spielende
Elisabeth* und *das anhangende Lisi* (Fünf Mädchen 9); darum wird
nachher mit *es* fortgefahren, wobei das Prädikat nicht immer im
richtigen Genus steht: z. B. bekennt Anne Marei (Schuldenbauer 119):
„daneben sei *es* ein *grosser Sünder*“. Das Neutrum hängt mit der
Eigentümlichkeit zusammen, dass die Namen von erwachsenen
Frauenspersonen meist auf -*i* ausgehen, z. B. *Bäbi, Käthi, Eisi,
Stüdi* (Christine); bei Kindern wird das Diminutivsuffix -*eli* hinzu-
gefügt, das hier wirklich noch als solches empfunden wird, z. B.
Bäbeli, Kätheli, Eiseli, Stüdeli, während -*i* in Namen nicht mehr
verkleinernd wirkt.

Von den Namen wenden wir uns einigen Fremdwörtern zu,
die recht den Berner verraten; in der Erzählung „Der Oberamtmann und der Amtsrichter‑ gibt der Neffe des erstern dem Jagdaufseher Kaspar *eine Franke*, weil er *keine Patente* hatte (Erzählungen und Bilder V, 96, 88).

Und nun eine Blumenlese verschiedener Abweichungen an Hand
von Bitzius. Im Neuhochdeutschen weiblich, in der Mundart männlich ist *der Luft* (der Wind), während das Mittelhochdeutsche
schwankt. Umgekehrt verhalten sich Dialekt und Schriftsprache

bei *Floh*. *Der Butter* steht nur vereinzelt (Schulmeister 124) nach der Analogie von *der Anken*: ebenso sind männlich *der Hatz* in Übereinstimmung mit der ältern Sprache, *der Laun* (die Laune), *der Grümpel* (das Gerümpel), *der Gutter* neben *die Guttere*. Weiblich sind: *die Züpfe* (der Zopf, auch ein Gebäck), *die Ankenballe*, *die Trüll* (der Drill), *die Verständniss* (mittelhochdeutsch Fem. und Neutr.). Sächlich sind: *das Sand* (mittelhochdeutsch Mask. und Neutr.), *das Heimath* (Heimwesen), *'s Zeit, das Kilchenzyt.*

Fürwörter.

Deutliche Spuren des Dialekts trägt die Wahl und die Behandlung der Fürwörter. Einmal die Wahl derselben: „*Selb* hat eine Nase" (einen Haken, eine Schwierigkeit) heisst es in der „Käserei" (S. 24). „Er hätte sich schon manchmal vorgenommen, sich um niemand zu bekümmern als um *ihn* selber", sagt der Schulmeister (S. 71) mit Nichtbeachtung der Regel, dass das Reflexivpronomen stehen muss, wenn eine Beziehung auf das Subjekt vorliegt. Nun einige spezifisch berndeutsche Anwendungen und Formen des Pronomens. „Kuh, *was* ich bin, dass ich das nicht gedacht", sagt Uli (S. 430). „Chumm, los *neuis*", heisst: komm, hör' etwas, nicht: etwas Neues. *Deren* hat den Sinn von *solche*, z. B. „Es gibt *deren*, sie haben Gesichter wie Thürlistöck" (Schuldenbauer 9). „Das sind auch *deren* Leute, welche heutzutage weder was zu bedeuten, noch zu befehlen haben" (Gesammelte Schriften 12, 355 Harzer Hans).

Beliebt ist statt des Relativpronomens das in der ganzen Schweiz dafür verwendete relative Adverb *wo*: z. B. sagt Käthi (I, 62) „der Sohn sei bei ihr gewesen, *wo* Korporal sei beim Militär". Statt des bezüglichen Fürworts mit Präposition steht *wo* mit einem andern Adverb, z. B. „Rösti, *wo* Staubwolken davon fahren" (Geltstag 138). Oder: „kamen dann mit haushohen Rechnungen, *wo darin* nicht bloss Alles aufgemacht war" etc. (Schuldenbauer 256). Eine ähnliche Wendung, nur ohne weiteres Adverb, ist: „Porträtli, *wo* dem einen das Glas fehlte, andern der Rahmen" (Geltstag 303).

Die Abwandlung der Fürwörter ist oft schweizerdeutsch. „So fehle es *ein* gar gerne", sagt Uli (S. 218). Statt des Pronomens der 3. Person im Akk. Neutr. wird getrost *ihns* gesetzt, z. B.: „Nun

setzte er ihm auseinander, wie man *ihns* zum besten gehalten"
(Geltstag 318). Daneben kommt das verpönte *es* mit Präposition
vor: „Es hatte .... etwas Geschlecketes, dass Alles *auf es* sah"
(Fünf Mädchen 33). Das hinweisende Fürwort der steht in der
Form *denen* im Dat. Plur. vor Substantiven, z. B. „*Denen* grauen
Schelmen kommt das wohl" (Käthi II. 51). Das Relativpronomen
der ist mundartlich abgewandelt in dem Satze: „Die Restauration
beim Amtsrichter, ... an *deren* sie bloss im Vorgefühl kanniba-
lisch wohl lebten" (Erzählungen und Bilder V, 133).

Ausgelassen wird oft das Pronomen der 2. Person, besonders in
der Frage: „Und wie ist es gegangen?" frug der Wirt; „*hast* gewonnen?" (Uli 435). Doch auch im Behauptungssatze: „und dann
kannst den Leuten sagen" (Käthi II, 20). Selbst das Pronomen der
1. Person fehlt mitunter in der Frage, eine berndeutsche Eigentümlichkeit: „O Grossvater, wie bist so gut, was willst? *soll* dir
z'trinken gäh?" (Erzählungen und Bilder IV, 93). In der Behauptung kann es in der 1. und sogar in der 3. Person ausgelassen
werden; den echten Berner kennzeichnet daher der Satz (Uli 435):
„*Muss* pressiren, dachte er; *werden* glauben, es gebe ein star-
kes Gewitter; *muss* auch profitiren". Natürlich drückt hier die
Ellipse auch die Eile aus.

Präpositionen.

Für die Berner Mundart sind bezeichnend die vielen Verbindungen der Präposition *z'* (zu) mit Substantiven und Adjektiven;
Gotthelf behält die abgekürzte Form bei, wie auch das folgende
Wort meist ganz im Dialekt steht, z. B. *z'Chile*, *z'Schul*, *z'Dorf*
(auf Besuch), *z'Mühle* (in der Mühle) kaufen, *z'Platz kommen* (zur
Geltung kommen); *z'Imbiss*, *z'Abe*, *z'Morge*; *z'gutem*, *z'bösem*, *z'grech-
tem*, *z'leerem*. — Auf die zahlreichen Verbindungen mit *z'weg* und
einem Zeitwort (z'wegfahren, z'weg stehen etc.) können wir hier
nicht eintreten, sondern wenden uns nun andern Präpositionen zu.

Auf hat vor Ortsnamen auch den Sinn von *nach*, z. B. „Am
nächsten Dienstag müssen wir dann alle wieder *auf* Burgdorf"
(Anne Bäbi 113), unbekümmert darum, ob der Bestimmungsort
höher oder tiefer liege, in unserm Fall offenbar tiefer, denn vom
Emmenthal nach Burgdorf steigt man hinunter. — *Ab* hat die
Bedeutung von — hinab, weg: z. B. „Es fiel Kathrinli ein Stein

ab dem Herzen" (Die beiden Seidenweber 9). „Aber ich darf nicht *ab* meinem Herd", sagt der Amtsrichter (Erzählungen und Bilder V, 139). — *Ob* heisst einerseits oberhalb, z. B. *ob* den Wolken, anderseits steht es kausal, z. B. „Es gibt eine Menge Leute, welche *ob* verdingten Kindern etwas verdienen wollen.... Sie wollen *ob* den Kindern ihr eigen Leben besser fristen" (Armennot 20). Für unterhalb und oberhalb steht echt, berndeutsch *untenher* und *obenher*, z. B. „Wenige Schritte *untenher* der Beugung" (Wassernot 25). „Das sei *obenher* gewesen, wo jetzt die Farb und Bleiche sei" (S. 35). — Eigentümlich, aber ganz im Sinne des Berners, stehen die Präpositionen *zu* und *von*. Jakob. der Handwerksgeselle (I, 167) droht dem Wirt in Freiburg: „so gebe er ihm eins *zum* Kopf". Und im „Anne Bäbi" (225) meint einer: „da könne man ..... Kläpfe drohen *vom Tüfel*" (d. h. teufelsmässige).

Besonderes Interesse bietet die Präposition wegen. Trotz der Redensart *wege dessi* (Schuldenbauer 246) regiert sie meist den Dativ; doch findet sich auch der Genitiv: *wegen eines Buhlen* (Fünf Mädchen 34). Sonst aber scheut Gotthelf nicht einmal die Zusammenziehung mit dem Artikel im Dativ, z. B. „Es ist nicht *wegem* Hochmut, sondern *wegem* lieben Gott" (Käthi I. 83). Neben wegen steht häufig *von wegen*, zunächst mundartlich: „So une [nur] *vo wege* nüt mag man sich nicht auslachen lassen" (Bilder und Sagen IV, 134 Geld und Geist), sodann hochdeutsch: „Es war uns nicht *von wegen* uns, sondern *von wegen* euch (ebenda II, 124). Dieses *von wegen* leitet aber auch oft statt des Bindeworts denn einen Satz ein, z. B.: „So erscheint die rote Schnecke bloss bei feuchtem Wetter, *von wegen*, sie ist nicht Liebhaberin von trockenem Staube" (Schuldenbauer 1). Echt berndeutsch ist wegen mit vorausgehendem t. also *t'wegen*. z. B. *seines Vaters t'wegen*, *Bäbelis t'wegen* — offenbar eine Analogiebildung nach meinetwegen, deinetwegen etc.; mit *d'* geschrieben ist es in *mengere d'wege* (um mehrerer Ursachen willen). Diesem *t'wege* entspricht *d'halb*; so fragt Resli in „Geld und Geist" seinen Schatz: „*Lybs thalbe* gefiel ich dir also besser, als der alte Unflat?" Und Anne Marei antwortet: „Nein wäger, es ist mir nicht nur *Lybs thalb*, dass mir der Kellerjoggi z'wider ist" (Bilder und Sagen IV, 83).

Konjugation.

Am meisten Interesse bietet die Abwandlung der starken
Verben. Im ganzen spiegelt sich auch hier die Mundart wieder:
doch zeigen sich daneben unregelmässige Formen, die ihre Erklärung nicht darin finden, so namentlich die Endungen der 3. Person
Sing. Präs. auf -et, wenn der Stamm mit t schliesst: *giltet, trittet,
fichtet,* wo der Dialekt. wenigstens in den beiden ersten Wörtern.
wie das Hochdeutsche die einsilbige Form hat. Mundartlich ist dagegen die nicht umgelautete Form starker (redupl.) Verben in der 2.
und 3. Person. z. B. *du verrathest, man behaltet, fangt an.* Hinwiederum
begegnen wir einem ungerechtfertigten Umlaut in *frägt* (neben dem
auch bei Gotthelf beliebten Imperfekt *frug*) und in dem mehr ver-
alteten und norddeutschen *kömmt.* Analogiebildungen nach andern
Verben sind: sie *thuen* (Käthi II, 123). „Nun *seie* meine Mutter zu
ihm gekommen" (Schulmeister 71) [1]. Verwechslung eines intransi-
tiven starken und eines transitiven schwachen Verbums liegt vor
in dem Satze: „Der Kummer *schwillt* das Herz" (Armennoth 3)
neben dem richtigen: „Die Armut *schwellt* das Übel so an" (S. 33).
Der umgekehrte Fehler wird gemacht in: „Selbst die Pfeife *löschte*
aus (Uli 472). „Vom Schein des Zündhölzchens und dem Gerede
schreckte aber Dorbach auf" (Dorbach 58).

Beim Imperfekt des Indikativs. den bekanntlich die Mundart
nicht mehr besitzt. fällt die fast ausnahmslose ältere Form *stund*
auf. In dem Satz: „Gewitter und Hexenwerk *verschwunden*" (Bilder
und Sagen I. 47) ist der Plural des Imperfekts nach altdeutscher
Weise gebildet (vgl. Wie die Alten *sungen,* so zwitschern auch die
Jungen).

Im Partizip des Perfekts finden wir die alte Form *erronnen*
(aufgekeimt) und das intransitive *verbrunne* (verbrannt): *geessen*
(Schulmeister 100) ist die eigentlich im Neuhochdeutschen zu er-
wartende Form (mittelhochdeutsch *gezzen*). Daneben interessiren
einige auffallende Analogiebildungen. Von *verziehen* (verzeihen)
heisst das Part. Perf. *verzogen* (Bilder und Sagen II, 124. 125
Geld und Geist). von *bringe bringe,* von *laufe geloffen,* daneben
glüffe — ganz nach Massgabe des Berner Dialekts. Mit *verspiesen*

---

[1] Vielleicht auch nach berndeutsch *sigi* gebildet.

für *verspeist* steht Bitzius nicht vereinzelt, da, braucht doch selbst Gottfried Keller diese schweizerschriftdeutsche Form. Umgekehrt zeigen Übertritt in die schwache Konjugation das öfter wiederkehrende *siedete*, sodann *dreschte* (neben *drasch*), *backte.*

Beim Konjunktiv des Imperfekts entspricht dieser Übertritt in gewissen Verben dem Dialekte, so in *nehmte* oder *nähmte, gebte* oder *gäbte, gsächte, vergässte.* Auffallend ist neben dem altertümlichen Ind. Imp. *stund* der Satz: „Man sinnt nicht, was es dem Menschen *hülfe*, wenn er die ganze Welt *gewänne* (Fünf Mädchen 36).

Das schwache Verb liebt sehr die altertümlich klingende Endung -et im Präs. Ind. und Part. Perf. (natürlich demgemäss -ete im Imperfekt), besonders in mundartlichen Wörtern, z. B. „mit verplärcten Augen" (Geltstag 300), sodann: *berzeten, wercheten, trappete, verserbet, ertaubet, ungsinnet.*

Die zusammengesetzten Zeiten der Verben stehen, liegen, sitzen werden nach oberdeutscher Weise mit sein gebildet. Die Hülfszeitwörter können, mögen, dürfen, müssen stehen oft wie in der Mundart allein, z. B. „sobald man vor das Dach *durfte*" (Uli 438). „Da geschah es, dass Elsi mit der Bäuerin nach Burgdorf *musste* (Erzählungen und Bilder I, 62). Die Bedeutung dieser Hülfszeitwörter ist die mundartliche, z. B. „Da *durfte* es fast nicht döppeln" (Bilder und Sagen I, 143), d. h. es getraute sich fast nicht. „Wenn sie nicht fahren *möchten* (Armennot 32), d. h. wenn sie nicht auskommen könnten.

Stilistisches.

Indem ich mich von der Grammatik der Stilistik zuwende, komme ich zu demjenigen Teil von Gotthelfs Sprache, der auch für einen weitern Leserkreis von Interesse sein dürfte, treten wir doch damit in die blühenden Gefilde, wo nicht einzelne Wörter und Wortformen zergliedert werden, sondern wo möglichst alles im Zusammenhang der Rede erscheint und somit in engster Verbindung mit dem Inhalte steht. Hier lässt der Verfasser bei allem Anschluss an die Volksmundart der Phantasie freien Spielraum, und es gewährt hohen Genuss, zu sehen, wie geschickt Bitzius unter den zahllosen kräftigen und bilderreichen Wendungen, die ihm seine heimatliche Sprache an die Hand gibt, auszuwählen

versteht, so dass wir den Eindruck haben: das ist einer, der aus
dem vollen schöpft.

Umschreibungen.

So derb und gradaus der Berner Bauer sein kann, so ist er
doch auch wieder der geborene Diplomat, daher die Vorliebe für gewisse verhüllende Ausdrücke. „Da kam Käthi das *Augenwasser*"
(Käthi II, 77) beruht auf einer sehr geläufigen zarten Redensart.
Ebenso beweist einen gewissen feinern Ton, den man überhaupt
bei dem bessern Bauer findet, die Umschreibung: *etwas auf einem*
Teller für: etwas zu essen — eine ähnliche Litotes wie das hochdeutsche: zu einer Tasse Thee oder zu einem Löffel Suppe ein-
laden, z. B. |Elisi| „liess gleich eine Halbe für sie beide bringen
und dann etwas auf einem Teller" (Uli 177). Eine treffliche Zeit-
bestimmung steckt in der Betrachtung Ulis, während das Gewitter
heranzieht: „Joggeli hat gesagt, *als er die ersten Hosen getragen*,
da habe es einmal gehagelt (Uli 436). Welche lebendige sinnliche
Anschaulichkeit! Dieses wichtige Ereignis im Kinderleben, das
für einen Knaben ist, was für den römischen Jüngling die *toga*
virilis, verknüpft sich in der Erinnerung mit einem ausserordent-
lichen Naturvorgange. — „ *Wenn Zwei an einer Feuerplatte zusammen*
kämen" braucht Hansli Jowäger (Anne Bäbi 5) für: wenn sie einen
eigenen Herd gründeten. Die Heldin dieser Erzählung sagt (S. 112)
zu Jakobli: „E aber Bueb! Du bist doch der *dümmst Hung, wo Brot*
frisst." Vom Harzer Hans heisst es (Gesammelte Schriften 12, 320):
„er sei *der wüstest Hung, der auf zwei Beinen läuft*", eine Redensart, die sich, aber ohne den Zusatz *Hung*, d. h. Hund, auch im
„Schuldenbauer" (S. 118) findet. Durch den Nebensatz sollen in
den beiden ersten Beispielen die Hunde als zweibeinige, d. h. als
Menschen, hingestellt werden; durch die verhüllende Redensart
wird die Derbheit des Ausdrucks (und gerade „Hung" spielt eine
sehr grosse Rolle) ausgeglichen.

Sprichwörtliche Redensarten.

Darunter verstehe ich solche feststehende Redensarten, die
nicht wie das Sprichwort, ein entschiedenes, sondern nur ein be-
dingtes Urteil aussprechen.

Im „Schuldenbauer" kommt wiederholt ein sonderbarer ironi-
scher Ausdruck vor: „Er war nicht Einer von denen, die meinen,

sie seien am schönsten, wenn sie über alles die Nase rümpfen und grännen" (S. 3. 4). „Die Hausväter im Dorfe hatten den Glauben, *sie seien zu Hause am schönsten* (S. 4). „Geht und sagt ihr, sie sei betrunken und *wär' am schönsten im Bett",* sagt der Wirt (S. 10) zum „Müsterler" betreffend Anne Marei. Es ist hier ungefähr dieselbe Ironie, mit der man etwa zu Kindern sagt, sie seien am brävsten, wenn sie schlafen, d. h. also, wenn sie nichts Böses tun können.

„*Es gienge ihr wohl und uns nicht übel,*" sagt ein Mann am Krankenbette seiner Frau, wenn er sie bald erlöst wünscht (Schulmeister 46); ähnlich spricht sich Johannes, Joggelis Sohn, über den Tod seines Vaters aus (Uli 487), und Uli der Pächter wünscht, er wäre vom Hagel erschlagen worden, mit den Worten: „*Mir wäre es wohl gegangen und niemand übel*" (Uli 438).

Mit dem treuherzigen Abschiedsgruss „*Blüitech Gott und zürnet nüt*" (Schulmeister 58) verlassen wir die sprichwörtlichen Redensarten, von denen wir nur wenige charakteristische herausgegriffen haben, und behandeln

Sprüche und Sprichwörter.

Der Berner Dialekt eignet sich für Sprichwörter vorzüglich durch den Lakonismus, den trockenen Witz, der den Angehörigen dieser Mundart eignet. Kommt man in ein Kreuzfeuer von witzigen Personen, so glaubt man sich beinahe zu den Spartanern versetzt, so scharf fliegen die Worte hin und her, kurz und schlagend. Man erlaube mir zur Charakteristik des Berner Geistes hier eine Blumenlese von Sprüchen und hauptsächlich Sprichwörtern.

Die geistreiche Inschrift:

O Mensch, fass in Gedanken, Drei Batzen gilt z'Pfund Anken

wird in der „Schwarzen Spinne" (Bilder und Sagen I. 7) als Tellerspruch, in der „Käserei" (S. 18) als „Vers an einem Thürli" angeführt. So albern der Reim zu sein scheint, so steckt doch mehr dahinter, als man auf den ersten Blick denkt: es soll damit der reichliche Ertrag und der geringe Marktpreis des für den Emmenthaler Bauer so wichtigen Milchprodukts verewigt werden; ist es

etwas wesentlich anderes, wenn ins Münster zu Freiburg i. B. das
Brotmass des Jahres 1270 eingemeisselt ist?

Von Sprichwörtern seien zunächst reimende erwähnt. Da
haben wir rein mundartliche: *Selber thu, selber ha* (Fünf Mädchen 64), d. h. was man tut. dafür ist man auch verantwortlich.
In der „Käserei" (S. 51) gehören Eglihannes und sein Spiessgeselle,
der Katzen-Mani, „zu der nämlichen Rasse von Menschen, von
welcher das Sprichwort sagt: *Fründ wie Hünd*", d. h. der Zufall,
das augenblickliche Interesse führt sie zusammen. Hochdeutsch
wiedergegeben ist: „*Was der Bock an sich selbsten weiss, trauet er
der Geiss*" (Uli 472), d. h. man sucht Keinen hinterm Ofen, man
habe denn selbst dahinter gesteckt. Alten Ursprungs, dem altertümlichen Wort und der Assonanz nach zu schliessen, ist, was in
„Geld und Geist" (Bilder und Sagen IV, 157) steht: *Krieg macht
fläthig, Friede lässig*" (mittelhochdeutsch vlaetec heisst sauber,
nett, schön; hier aber steht es offenbar im Gegensatz zu lässig,
heisst also rasch, emsig (s. schweiz. Idiotikon I, 1227). Im „Schulmeister" (S. 21) ist das Sprichwort: „*Die Menge bringt erst die
Strenge*" zunächst auf die Gevatterschaft angewandt und bedeutet:
erst zahlreiche Patenkinder spürt man am Geldbeutel. In „Käthi"
(II, 44) werden drei reimlose Sprichwörter in wenigstens teilweise
hochdeutscher Form angeführt: „Ehemals hiess es, *wer demütig sei,
dem sei Gott hold*, und jetzt heisst es, *wer unverschämt ist, der
lebt dest bas* (desto besser), und *wer der Wüsteste ist, der wird
der Oberst.*"

Bildliche Redensarten.

Während wir es bei den Umschreibungen mit Ausdrücken zu
tun haben, die sinnlich anschaulich und zugleich wirklich sind,
tritt bei den bildlichen Redensarten ein sinnlicher Ausdruck an
Stelle eines abstrakten. Ein Lieblingsausdruck ist: *am Angst-
karren ziehen*, d. h. sich mit Angst und Not durchbringen. Eine
ähnliche Umschreibung durch ein Substantiv bietet der Satz: „Die
Frau musste alle Tage *ihre Brummelsuppe schlucken*" (Schulmeister 5), d. h. sie musste das Brummen des Mannes ertragen.
Eine nicht viel bessere Suppe ist die, mit welcher Frau und Kinder Durslis, des Branntweinsäufers (S. 63), vorlieb nehmen müssen,
nämlich eine *blinde Wassersuppe*, also ohne die von den Bauern

so hochgeschätzten Fettaugen. Die Aufwiegler aber hatten die ärmere Klasse so bearbeitet, „dass Neid und Eifersucht sich ihrer bemächtigen mussten, wenn Andere *mit Bärenfett lustig kocheten*" (S. 19) und *wie die Reichen allein die Finger im Hunghafen hätten"* (S. 18). Der Küche entlehnt sind auch die Ausdrücke (Zeitgeist und Berner Geist I, 73. 74): „der müsse bereits [fast] zunächst *am Anrichtiloch gestanden und z'unterst in Hafen geguckt haben".* In der Armennot (S. 42) sagt Bitzius: „Es ist wirklich ein sinnlos, verruchtes Treiben, mit klingen[den] schönen Worten den Armen *den Speck um den Mund herum zu ziehen".*

Euphemistisch werden gewisse Dinge verhüllt, so die Trunkenheit (Schuldenbauer 8): „er hat schon vorher über Ort [über den Rand] geladen". In der „Käserei" (S. 56) heisst es: „Mani hatte am Tage vorher .... *silbern geschwitzt",* d. h. eine Zahlung gemacht.

„Hans Joggeli, der Erbvetter", enthält einige köstlich schalkhafte Ausdrücke; so brummt eine erbfrohe Base nach einem Besuche bei jenem (Gesammelte Schriften 12, 232): „Ein zäh ketzers Mannli, *der schlägt noch mit unsern Beinen [Gebeinen] Nüsse von den Bäumen",* d. h. er überlebt uns noch (bei Uli 157 stehen Äpfel an Stelle der Nüsse). Jene Base sagt von einem andern lachenden Erben, er habe die Absicht, *die grauen* (d. h. schimmligen) *Thaler zu sonnen* (ans Licht und unter die Leute zu bringen). Eine spöttische Ausdrucksweise ist: *Hans oben im Dorfe sein,* d. h. der erste oder, wie es auch heisst, „der Däche" (Dekan) sein. Eine feine Ironie steckt in dem Satze (Schuldenbauer 18): „Derselbe [der Käufer] geht die Treppe ab, welche Hans Joggi hinauf will, und da sind sie einander begegnet, nicht zu Joggis Glück". Dass unter der Treppe der Reichtum zu verstehen ist, ergibt sich aus dem Zusammenhang.

Eine wahrhaft vornehme Wendung enthält der Satz, in dem Harzer Hans (Gesammelte Schriften 12, 356) von den Leuten sagt: „wenn sie wüssten, dass ich Zeug [Arznei] brauche, es würde jeder kommen und gucken wollen, ob es *Feierabend mit mir mache oder nicht",* d. h. ob es mit ihm zu Ende gehe.

Schliessen wir diesen Abschnitt mit einem im vollsten Sinn des Wortes *hausbackenen,* aber sehr zutreffenden Ausdruck, den Bitzius auch von der geistlichen Berufstätigkeit braucht. **Ferd.**

Vetter bemerkt in „Jeremias Gotthelfs Leben" (Sonntagsblatt des Bund 1896, Nr. 22, S. 172): „Der grossen Arbeit, die ihm neben seiner Schriftstellertätigkeit aus der Besorgung einer ausgedehnten Gemeinde und aus der freiwilligen Wirksamkeit in der Trachselwalder Anstalt erwuchs, ward er vorzüglich durch den einfachen Kunstgriff Herr, dass er *Nichts an die Pfanne backen liess*, wie er einst einem jüngern Kollegen riet, der sich über seine Amtslast beklagte". Dieselbe Tugend rühmt Bitzius in „Wie Christen eine Frau gewinnt" (Erzählungen und Bilder II, 179) diesem seinem Helden nach.

Metaphern.

Während die bildlichen Redensarten einen Begriff durch einen ganzen Ausdruck wiedergeben, ist in der Metapher ein Wort der Träger des Bildes. Sie ist die schlagendste bildliche Redeweise, indem sie das Bild **statt** der Sache setzt, nicht wie die Vergleichung **neben** die Sache. Wenn nun auch letztere gleichfalls viel des Interessanten bietet, so können wir sie doch hier eher übergehen schon deshalb, weil Gotthelf in seinen Vergleichungen individueller verfährt als in seinen Metaphern, die sich durchaus an die Mundart anschliessen. Indem ich die letztern in substantivische, adjektivische und verbale zerlege, führe ich einzelne ausgewählte Ausdrücke an, meist ohne den ganzen Satz zu zitiren, da hiezu der Raum nicht ausreichen würde.

Substantivische Metaphern sind: *Bart* für Schimmel (Schulmeister 125), *Gwundernase* für Neugierde (Käthi II, 93), *Schellen* für Launen (Erzählungen und Bilder V, 97), *Spangen* für Beklemmungen (Fünf Mädchen 90), *Glückstopf* für Glückspilz (Schuldenbauer 9, wohl vom Loostopf genommen), *Rybyse* für „rässes" Weib (Geltstag 141) etc. Schon der Allegorie nähert sich das Bild, wenn ein Schuldenbauer in der Hand der Wucherer *der Hund im Kegelspiel* sein muss (Schuldenbauer 13); es geht ihm also wie einem Hund, der in ein „Keigelris" hineingeraten ist und nun von allen Seiten bombardirt wird.

Von adjektivischen Metaphern sind *halbbatzig* und *halbleinern* beliebt, beide im Sinn von geringwertig, z. B. halbbatzige Diensten (Dienstboten), halbleinerne Männer. Jakob, der Handwerksgeselle (I, 113) hat einen *mondscheinigen* Rock etc. Eher

unter Personifikation werden ein *braver* Kittel·, „ein *braves* Bauern-
haus" einzureihen sein.

Von verbalen Metaphern erfreut sich *fechten* grosser Be-
liebtheit: man ficht nicht nur mit Hammer und Zange, sondern
auch mit Rustig (Heilmitteln). Geld etc. Sehr anschaulich sagt
die Wirtin im „Schuldenbauer" (144): *in der Platte herumheuen*
für: herumfahren. „B'schüttet" wird nicht nur der Kabis, sondern
auch Menschen, nämlich mit Schimpfreden (Fünf Mädchen 70).
Eine humoristische Wendung enthält der Satz (Bilder und
Sagen I, 21): „wenn man aber eine Frau habe, die einem um Haus
und Hof bringe, so sei es *ustubacket*", d. h. die Herrlichkeit
habe ein Ende. Wir schliessen diese Zusammenstellung mit der
edlen Metapher (Geltstag 73): „wo der Glaube *eingeurbet* ist·,
also gleichsam ins Urbar (Grundbuch) eingetragen.

Gotthelfs Bilder, einschliesslich der Metaphern, verraten, wie
die der Mundart, der sie entstammen, meist einen derben Realis-
mus, zugleich aber Tiefsinn und schlagenden Witz; bisweilen tritt
auch eine Feinheit zu Tage, die mit jener Derbheit im Wider-
spruche steht, die aber aus der schon erwähnten diplomatischen
Bauernnatur zu erklären ist.

Schluss.

Das „Berner Intelligenzblatt" brachte in Nr. 89 dieses Jahres
eine geharnischte Korrespondenz, die mit den Worten beginnt:
„Es wäre ein wahrer Segen für die schweizerische Literatur und
namentlich auch für die Volksbildung, wenn die Herren Volksschriftsteller endlich einmal aufhören wollten, in ihren Schriften
Stil und Sprache des Jeremias Gotthelf nachahmen zu wollen ....
Wir werden zu diesen Bemerkungen durch die letzte Publikation
des Vereins Bern für Verbreitung guter Schriften veranlasst. Uli.
der Schlosser, eine Erzählung aus dem Emmenthal, von Arthur
von Almen, ist das Büchlein betitelt". Wenn ich nun auch der
sklavischen, manirirten Nachahmung Gotthelfs nicht das Wort
reden möchte, so muss ich doch Dr. W. Sutermeister zustim-
men, wenn er als Mitherausgeber in Nr. 94 erwidert: „Es ist uns
daran gelegen, auch dem Volk einen kleinen Begriff zu geben von

der Bieg- und Bildsamkeit, der Urwüchsigkeit und Triebkraft der
deutschen Sprache". Dass in Bitzius' Heimat, dem Kanton Bern,
so schulmeisterliche Forderungen an die Sprachrichtigkeit gestellt
werden dürfen, wie es jener Einsender tut, der in seiner Replik
sagt: „Es genügt, wenn die Leute schlechtes Deutsch in der Bibel
lesen, man braucht es ihnen nicht auch noch in Extrablättern auf-
zutischen" — dieser Umstand zeigt von neuem die Notwendigkeit,
immer darauf hinzuweisen, dass das Deutsche keine tote Sprache
ist. Welcher Schriftsteller aber könnte dem in diesem Vorurteile
Befangenen besser die Augen öffnen als gerade Jeremias Gotthelf,
der sich weniger als irgend einer an Regeln hält? Und wenn in
dieser Festschrift seine Sprache eine eingehendere Darstellung erfahren hat, als manchem recht und billig erscheinen mag, so ver-
gesse man nicht, dass man an seinem Stil den Schriftsteller er-
kennt und dass ohne ihre sprachliche Eigenart die Werke eines
Dichters ihre Wirkung zum grossen Teil verlieren, wie wir aus
Übersetzungen sehen können. Je origineller aber der Autor, desto
mehr weicht er auch im Ausdruck vom Herkömmlichen ab und
sucht eine besondere Schale für den besondern Kern. „Es ist der
Geist, der sich den Körper baut." Bitzius ist der Schöpfer seiner
Sprache, auch wenn wir ihre Bestandteile aus Mundart und Schriftsprache heraussuchen können; denn sie ist nicht willkürlich zu-
sammengeschweisst, sondern ein organisches Gebilde. Und dass
sein Stil auch jetzt noch seinen Reiz nicht nur auf Berner und
Schweizer, sondern auch auf Deutsche ausübt, dafür spricht der
ungeahnte Erfolg der illustrirten Prachtausgabe, die es doch wagen
darf, den ursprünglichen Text statt des bereinigten der Gesamt-
ausgabe darzubieten.

In Jeremias Gotthelf verehren wir einen Schriftsteller, der,
obwohl er sich nicht wie Hebel und Reuter der Mundart direkt
bedient, doch alle ihre Vorzüge ins rechte Licht zu stellen weiss
und einen der reichsten Schweizer Dialekte dadurch zu Ehren ge-
bracht hat. Wir freuen uns namentlich über die Art, wie er in
seinen Stil die trefflichen Bilder und Redensarten der Berner
Bauern verflicht, die dadurch vorzüglich charakterisirt werden.
Verhüllende, manchmal feine und zarte Ausdrücke wechseln mit
derben Schimpfworten, treuherzige Grüsse mit anzüglichen, ironi-
schen Redensarten, schalkhafte und humoristische Äusserungen

mit hausbackenen Bemerkungen. Und alle diese Blumen sind nicht als fremde Pflanzen in des Schriftstellers Park versetzt, sondern sie sind in seinem schlichten Hausgarten gewachsen. Er bindet sie zu einem Strausse, der vielleicht nicht den verwöhnten Geschmack jeder Modedame befriedigt, der aber durch frischen, ländlichen Wohlgeruch alle diejenigen erfrischt, die sich noch den Sinn erhalten haben für reine, ungeschminkte Natur.